KRISE!?

Krise: Unglück oder Wendung?

© Angelika Leonhardt

KRISE!?

Krise: Unglück oder Wendung?

© Angelika Leonhardt

Herstellung und Verlag:

BoD - Books on Demand, Norderstedt

ISBN: 978-3-7431-0286-6

©2016 Angelika Leonhardt:

Alle Rechte, insbesondere die der Übersetzung in fremde Sprachen, sind vorbehalten. Kein Teil des Buches darf ohne schriftliche Genehmigung des Autors fotokopiert, vervielfältigt oder in irgendeiner anderen Form reproduziert oder in eine von Maschinen verwendbare Sprache übertragen oder übersetzt werden.

Inhaltsverzeichnis

Einleitung   **8**

Was ist eine Krise?   **10**

   Definition   10

   Vier-Phasen-Modell von Caplan   13

Psychisches Problem oder „einfach nur eine temporäre Krise"?   15

   Wie unterscheidet man zwischen einem psychischen Problem und einer temporären Verstimmung?   15

   Warum dieses Buch für psychisch Erkrankte und Menschen mit temporären Krisen gleich gut geeignet ist   18

Wie man sich von einer Krise garantiert in echtes Unglück stürzen kann   **20**

   Urteil, Werten   20

   Nach aussen orientiert   25

   Gewohnheit   30

   Lamentieren   36

   Uralte Geschichten und Zukunftsängste   43

Clusion (Sich zurückziehen)	54
(Selbst-) Kritik	58
Wie man aus einer Krise einen Wendepunkt zum Besseren gestalten kann	**65**
Wohlwollen, Wertschätzung	65
Eigenverantwortung	70
Nicht festhalten, Loslassen	75
Do it und Dankbarkeit	86
Urvertrauen	97
Nähe	103
Geduld	106
Schlussworte	**113**

Einleitung

Dies ist ein Ratgeber, wie man aus einer vermeintlichen Krise einen Wendepunkt zu einem besseren Leben machen kann. Er ist bewusst kurzgehalten, denn, wenn man gerade in einer Krise steckt, sucht man nach raschen Lösungen seines Problems.

In einer Krise kann man viel dazu beitragen, dass daraus ein grosses Unglück wird. Wie das funktioniert, zeige ich anhand der Buchstaben „UNGLUeCK". Jeder Buchstabe steht für eine Methode, mit der ich aus einer Krise garantiert eine noch grössere Katastrophe mache, als die Situation gerade ist.

U: (ver-)Urteilen (werten, verurteilen)

N: Nach aussen orientiert

G: Gewohnheit

L: Lamentieren (jammern)

Ue: Uralte Geschichten und Zukunftsängste

C: (Se-)Clusion (Sich zurückziehen)

K: (Selbst-)Kritik

Wie man eine Krise jedoch auch als Chance wahrnehmen und daraus einen Wendepunkt zu einem besseren Leben machen kann, zeige ich anhand der Buchstaben „WENDUNG".

W: Wertschätzen, Wohlwollen

E: Eigenverantwortung

N: Nicht festhalten (loslassen)

D: Do it! und Dankbarkeit

U: (Ur-)Vertrauen

N: Nähe

G: Geduld

Jedem Buchstaben des Wortes „UNGLUeCK" steht eine Alternative im Wort „WENDUNG" gegenüber. So kann sich der Leser leicht merken, was die Krise vergrössert und was dagegen in Krisen hilfreich ist.

Was ist eine Krise?

Definition

Krise bedeutet ursprünglich „Entscheidung" und bezeichnet damit laut Duden eine „schwierige Situation oder Zeit, die den Höhe- und Wendepunkt einer gefährlichen Entwicklung darstellt."

Ob es sich bei einer Krise um einen Wendepunkt handelt, kann man jedoch meist erst zu einem späteren Zeitpunkt wissen, nachdem die Krise abgewendet wurde.

Nach Anthony J. Wiener und Herman Kahn ist für eine Krise charakteristisch, dass eine dringende Notwendigkeit zum Handeln besteht. Dies bewirkt ein Anstieg an Unsicherheit, Dringlichkeit und ein Gefühl der Bedrohung. Man glaubt, das Ergebnis sei wichtig für das weitere Leben. Viele reagieren darauf mit Unsicherheit, Verzweiflung oder auch Wut.

Bei einer Krise gibt es immer eine subjektive und eine objektive Seite. Die subjektive ist die Wahrnehmung durch den Betroffenen. Dies kann durchaus bedeuten, dass dieselbe Begebenheit von Betroffenen völlig unterschiedlich wahrgenommen und bewertet werden kann. Was für den einen eine negative Krise bedeutet, kann für den anderen als positive Chance gesehen werden. Die objektive Seite ist schliesslich die wertfreie Beschreibung einer Situation, die eben zu einer Krise werden kann.

Zu einer psychischen Krise wird eine Situation dann, wenn der Betroffene an Hindernisse gerät, welche er mit seinen üblichen Strategien zur Lösung eines Problems nicht bewältigen kann. Es kann sich dabei um eine äussere Krise, wie ein Konflikt mit anderen Personen, oder ein Ereignis, welches grosse Angst oder Unsicherheit auslöst, handeln. Genauso gut kann es ein innerer Konflikt sein, den der Betroffene nicht lösen kann und keinen Ausweg daraus sieht. Es kommt schliesslich zu einer Verengung der Wahrnehmung. Der Betroffene sieht nur noch diese Krise und seine fehlenden Bewältigungsmöglichkeiten. Er stellt seine bisherigen Erfahrungen, Normen, Werte und Ziele in Frage. Oft zweifelt er dabei sogar an sich selbst als Person.

Aus einer schweren Krise kann sich eine Depression manifestieren. Als Folgereaktion auf nicht bewältigte Krisen kann sich eine posttraumatische Belastungsstörung (PTBS) entwickeln. Infolge falscher Bewältigungsstrategien können sich Essstörungen, Süchte, Zwänge, Selbstverletzungen oder eine Borderline-Störungen bilden. Häufen sich depressive Phasen, spricht man von rezidivierenden Depressionen. Kommen ausgesprochen euphorische Phasen hinzu, bezeichnet man dies als Bipolare Störung. Kann man die mit einer Krise einhergehenden Unsicherheiten und Ängste nicht bewältigen, handelt es sich um eine Angststörung, die auch anhält, wenn die beängstigende Situation vorbei ist.

Diese psychischen Störungen können normalerweise nicht mehr von den Betroffenen alleine gemanagt werden. Manchmal spitzen sie sich so zu, dass der Betroffene keinen Ausweg mehr aus seiner Situation sieht. Seine Wahrnehmung ist nur noch auf die Krise beschränkt. Er hat keine Hoffnung auf Besserung seiner Lage und möchte deswegen vielleicht sogar sein Leben beenden. Hier ist unbedingt

Krisenintervention in einer Klinik nötig. Meistens ist der Betroffene nach einem stationären Aufenthalt, mit Hilfe einer Therapie und/oder durch Gabe von Medikamenten wieder in der Lage, Hoffnung zu schöpfen und Lösungswege aus der Krise zu finden.

Vier-Phasen-Modell von Caplan

Der amerikanische Sozialpsychiater G. Caplan hat ein Modell für Lebenskrisen aufgestellt. In diesem unterteilt er Krisen in vier Phasen:

Erste Phase: Der Betroffene kämpft gegen sein Unwohlsein an.

Zweite Phase: Er bemerkt, in welchem Zustand er sich befindet, und dass seine bisherige Strategie zur Lösung des Problems nicht zum erwünschten Ziel führt.

Dritte Phase: Der Betroffene kann zwei verschiedene Wege einschlagen. Entweder er zieht sich von Menschen und seinen eigenen Zielen zurück, um die Enttäuschung nicht mehr spüren zu müssen (Vermeidung). Oder er strebt genau das Gegenteil seines bisherigen Zieles an und mobilisiert alle Kräfte, um dadurch einen positiven Ausweg aus der Krise zu finden (Kampf).

Vierte Phase: Wenn auch die dritte Phase keine Besserung bewirkt, resigniert der Betroffene und steht kurz vor einem Zusammenbruch. Dieser führt letztlich zur Orientierungs- und Hilflosigkeit.

Die meisten Leser/innen dieses Buches werden sich wohl zwischen Phase zwei und Phase drei befinden. In dieser Phase bemerkt man, dass man mit seinen ursprünglichen Strategien nicht erfolgreich ist. Entweder ist das Problem neu, so dass man keinen Lösungsweg weiss. Oder das Problem ist schwieriger zu lösen als die bisherigen Probleme. Vielleicht wird man mit diesem Problem auch als Mensch in Frage gestellt. Man muss sich also neue Strategien suchen, um mit diesem Problem fertig zu werden. Dazu soll dieses Buch Anregungen schaffen, neue Lösungswege zu finden und so aus der Krise einen Wendepunkt zu machen.

Schafft man dies trotz dieses Buches nicht alleine, oder befindet sich der Leser oder die Leserin bereits in Phase vier, in der Hoffnungslosigkeit und Hilflosigkeit dominieren und Gedanken an

Selbstverletzung, Substanzmissbrauch oder Suizid auftreten, rate ich ausdrücklich zu einem Besuch beim Hausarzt, einem Psychiater oder einem Therapeuten!

Ob es sich bei einer Krise nun um ein psychisches Problem, das behandelt werden muss, oder um eine vorübergehende Störung handelt, zeigt das folgende Kapitel.

Psychisches Problem oder „einfach nur eine temporäre Krise"?

Wie unterscheidet man zwischen einem psychischen Problem und einer temporären Verstimmung?

Zuerst einmal entscheidet wohl die Dauer zwischen einer temporären vorübergehenden Krise und einem psychischen Problem, welches behandelt werden muss. Das impliziert auch gleich die zweite Grundlage: Eine vorübergehende Krise vergeht nach einiger Zeit wieder, meistens sogar von selbst. Ein psychische Problem jedoch endet selten von alleine, sondern wird unbehandelt noch grösser und vielleicht sogar chronisch.

In der „Fibel" für Ärzte, dem ICD und dem DSM,

werden beispielsweise bei Trauer 2 Wochen genannt als Faustformel. Das bedeutet, dass es völlig normal ist, zwei Wochen über einen Verlust zu trauern, viel zu weinen, nur an diesen Verlust zu denken und sich zu nichts aufraffen zu können. Ab zwei Wochen spricht man von einer Depression. Natürlich sind zwei Wochen sehr kurz. Wenn ein geliebter Mensch gestorben ist, ist die Trauer nach zwei Wochen nicht vorbei. Damit soll aber gezeigt werden, dass selbst die Trauer um einen geliebten Menschen im Laufe der Zeit weniger wird und der Trauernde sich wieder von der Trauer zur Gegenwart wendet. Ein psychisches Problem ist es dann, wenn der Trauernde auch über einen längeren Zeit nicht mehr in der Lage ist, seinen Alltag zu bewältigen.

Genauso kann ein psychisches Problem innerhalb von wenigen Tagen oder auch Stunden so schlimm werden, dass der Patient suizidal wird oder gar Suizid begeht. Damit handelt es sich dann definitiv um ein psychisches Problem, das dringend in Behandlung gehört.

Ärzte ziehen meist für eine Diagnose die zeitliche Komponente hinzu. Ich persönlich finde es hilfreicher, festzustellen, ob der Patient wieder alleine aus dieser Krise findet oder Hilfe dabei benötigt.

Beispielsweise gibt es bei Alkohol viele Menschen, die irgendwann bemerken, dass ihr Konsum zu hoch ist. Dann lassen sie es einfach sein oder trinken ohne Probleme erheblich weniger. Bei anderen ist dies nicht mehr möglich, weil sie schon zu lange zu viel konsumiert haben und sich der Körper und auch die Psyche so daran gewöhnt hat, dass sie nicht mehr aufhören können. Damit ist es ein Problem, das in eine Behandlung gehört. Dabei spricht man von Alkoholkrankheit.

Eine gute Möglichkeit ist es also nahezu immer, zuerst heraus zu finden, ob man selbst aus der Krise findet, oder ob man Hilfe benötigt. Es gibt auch Punkte, an denen man nicht mehr versuchen sollte, selbst heraus zu finden. Bei Suizidgedanken ist Hilfe unerlässlich, genauso bei starker Alkoholsucht, bei starkem Untergewicht durch Essstörung etc. Also bei allen Problemen, welche bereits so stark sind, dass sie lebensgefährlich werden. Da darf man nicht mehr abwarten und muss sich sofort in Hilfe begeben, bevor es zu spät ist!

Dieses Buch handelt jedoch von Krisen. Es ist sowohl für psychisch Kranke als auch für Menschen ohne Diagnose gedacht. Daher werde ich an dieser Stelle auch nicht weiter auf psychische Diagnosen eingehen. Ich rate auch meinen Lesern, ihrem Gefühl zu trauen. Wenn sie glauben, eine Therapie könnte helfen, dann suchen Sie sich einen Therapeuten. Wenn sie meinen, Sie können den Weg aus der Krise auch nach dem Lesen dieses Buches nicht finden, dann gehen Sie zu Ihrem Hausarzt und bitten Sie um Hilfe.

Aber vielleicht hilft Ihnen das Buch auch, Ihre Krise aus einer anderen Perspektive zu sehen und aus der Krise einen Wendepunkt zur Besserung machen.

Warum dieses Buch für psychisch Erkrankte und Menschen mit temporären Krisen gleich gut geeignet ist

Im letzten Kapitel ging es um die Unterscheidung zwischen psychischen Erkrankungen und vorübergehenden Krisen. Dies ist wichtig, um zu entscheiden, ob Hilfe von aussen nötig ist oder nicht. Doch selbst wenn es um eine psychische

Erkrankung handelt und man mit Medikamenten und Therapie behandelt wird, muss man trotzdem selbst an sich arbeiten, damit es einem wieder besser geht. Zudem verstärken Ereignisse von aussen wie Trennung, Arbeitslosigkeit, Tod eines geliebten Menschen, körperliche Krankheiten oder andere Krisenereignisse bereits bestehende Symptome. Dies passiert vor allem dann, wenn man nicht weiss, wie man am besten damit umgeht.

Daher ist dieses Buch auch für psychisch Kranke als Hilfe zu verstehen, wie man mit Krisen gesund umgehen kann, damit einen diese nicht vollends aus der Bahn werfen. Für psychisch Gesunde kann dieses Buch eine Hilfe darstellen, damit sich aus den Lebenskrisen keine psychische Krankheit bildet.

Wie man sich von einer Krise garantiert in echtes Unglück stürzen kann

Urteil, Werten

Ein Mann möchte in seiner Wohnung ein Bild aufhängen. Dazu braucht er einen Hammer, den er leider nicht hat. Aber er weiss, dass sein Nachbar einen besitzt. Daher beschliesst er, hinüber zu gehen und den Nachbar darum zu bitten, ihm diesen auszuleihen.

Da bekommt er jedoch Zweifel. Was, wenn der Nachbar ihm den Hammer nicht leihen möchte? Er erinnert sich, dass der Nachbar ihn gestern schon nur ganz flüchtig gegrüsst hat. Er schien in Eile zu sein, aber es könnte ja auch sein, dass diese nur vorgeschützt war. Vielleicht tat der Nachbar nur so, damit er nicht merkt, dass er etwas gegen ihn hat?

Wobei sich der Mann keiner Schuld bewusst ist. Also, wenn der Nachbar etwas gegen ihn hat, ist er auf jeden Fall im Unrecht. Schliesslich würde ER ihm sein Werkzeug sofort geben.

Nicht so wie der Nachbar, der ohne Grund etwas gegen ihn hat. Sicherlich wird er ihm deshalb auch den Hammer nicht ausleihen.

Warum nur tut sein Nachbar dann nicht? Womöglich denkt er auch noch, wenn der Mann ihn freundlich darum bittet, dass der Mann auf die Hilfe des Nachbars angewiesen sei. Wahrscheinlich fühlt sich der Nachbar dann auch noch toll, weil er einen Hammer hat! Dann denkt er auch noch, er sei deswegen was Besseres.

Nein, nicht mit mir, dachte der Mann wütend. Er stürmte hinüber, läutete beim Nachbarn, und noch bevor dieser öffnete, schrie er ihn an: „Dann behalten Sie doch ihren doofen Hammer, Sie Angeber!"

Wir Menschen neigen dazu, das Verhalten und die Regungen der anderen Menschen zu interpretieren und zu werten. Obwohl wir nicht hellsehen können und daher nicht wissen, ob der andere auch tatsächlich fühlt und denkt, wie wir meinen, gehen wir davon aus. Dies führt zu grossen Missverständnissen. Sogar Kriege sind oft auf diese Weise entstanden.

Denken wir an das Ehepaar, das nach einem Streit unversöhnt nebeneinander im Bett liegt. Jeder geht davon aus, dass dem anderen die Gefühle des Partners egal sind. Beide können nicht schlafen, weil sie über die Nichtreaktion des anderen enttäuscht sind. Jeder wartet auf den anderen. Und während er wartet, malt er sich in düsteren Farben aus, dass der andere einen nicht mehr gern hat, dass er sich in einen anderen verliebt hat, dass er sich scheiden lassen will- bis man den Druck nicht mehr aushält und den Partner- der sich so sehnsüchtig eine Entschuldigung wünscht!- anschreit: „Du Idiot, pack doch einfach deine Sachen und ziehe aus!"

Dabei wollte der andere doch nur, dass alles wieder in Ordnung ist und sie aneinander kuschelnd einschlafen können.

Oder denken wir an einen Arbeitnehmer im Büro. Er hat einen Fehler gemacht und soll nun zu seinem Vorgesetzten. Er hat Angst, für diesen Fehler gerügt zu werden. Vielleicht wird ihn der Chef sogar deswegen kündigen? In immer düstereren Farben malt er sich diese Situation aus, bis er die Angst nicht mehr aushält und zum Chef herein platzt: „Ich kündige!"

Dabei wollte der Chef nur diesen einen Fehler bemängeln, und ihm seine Unterstützung anbieten, damit so etwas nicht wieder passiert.

Oder man geht morgens zum Bus und begegnet dabei dem Nachbarn. Dieser rennt nur grunzend an einem vorbei. Prompt denkt man darüber nach, dass dieser Nachbar gestern schon nicht gegrüsst hat. Bestimmt hat er etwas gegen einen. Man malt sich aus, wie viel Pech man immer mit den Nachbarn hatte und dass dieser eben auch nicht anders ist. Sicherlich wird der Streit immer grösser werden, bis man sich gegenseitig mit der Heckensäge bekriegt. Man wird richtig wütend auf den Nachbarn. Zuhause stellt man seinen Müllsack vor dessen Eingangstüre, reisst den Gartenzaun heraus, schneidet die Äste eines Baumes ab, die in den eigenen Garten ragen und verkratzt zufällig noch das Auto des Nachbars dabei. Der kann etwas erleben…

Abends kehrt der Nachbar ahnungslos nach Hause zurück und ruft die Polizei, weil er glaubt, Einbrecher seien am Werk gewesen. Als er erfährt, dass es sein Nachbar war, versteht er die Welt nicht mehr.

Er hatte es nur eilig, weil er mal wieder verschlafen hatte, nachdem sein Baby nachts stündlich geschrieen hatte…

Mir fällt auch noch die Hausfrau ein. Abends kommt die Familie nach Hause und fragt nur, was es zu essen gibt. Dabei hat die Hausfrau den ganzen Tag geputzt, gewaschen, eingekauft, gekocht. gewischt und Rechnungen bezahlt. Sie hat den ganzen Tag für die Familie gearbeitet- und die Familie fragt nur danach, was es zu essen gibt, als ob sie nichts anderes zu tun gehabt hätte.

Die Frau sieht darin einen Angriff ihrer Person, dabei wollte die Familie wirklich nur wissen, was es zu essen gibt, weil alle Hunger hatten!

Alle diese Situationen haben eines gemeinsam: Jemand nimmt die Situation nicht objektiv und nüchtern wahr, sondern interpretiert, versucht sich in Hellsehen und Prophezeien, verurteilt andere Menschen ohne wirklich zu wissen, was in ihnen vor sich geht. Daraus entwickelt sich eine viel schlimmere Situation als sie eigentlich gewesen wäre.

Man sagt zu so etwas auch „aus einer Mücke einen Elefanten machen".

Und schon hat man eine an sich harmlose Situation durch eigene Interpretation und Katastrophieren zu einer wirklichen Krise ausgeweitet.

Das Gegenteil wäre, dass man immer vom Guten im Menschen ausgeht. Man begegnet den anderen Menschen statt mit Vorurteilen und Verurteilungen mit Wohlwollen und Wertschätzung. Wie das geht, beschreibe ich im Kapitel „Wertschätzung, Wohlwollen".

> Nach aussen orientiert

In meiner Kindheit war das Wichtigste, dass man vor den Nachbarn (Lehrern, Vorgesetzten, Kirchgemeinde, Freunden...) gut da steht. Gestritten wurde immer so leise, dass niemand etwas mitbekam. Wutanfälle waren strikt untersagt. Man durfte die Eltern auch nicht reizen, so dass sie schreien mussten, denn bitte: was sollen denn da die Nachbarn denken!

Das ist auch heute noch oft so. Wie oft spielen wir auf der Arbeit den fleissigen, interessierten und hochmotivierten Mitarbeiter, der leise die Stunden bis zum Wochenende zählt, damit er endlich wieder für eine Weile dem Wahnsinn auf der Arbeit entkommt. Zuhause spielen wir die liebevolle Mutter, welche interessiert den Reden der Kinder zuhört, und eigentlich nur müde immer wieder nach der Uhr schielt, wann sie die Kinder endlich ins Bett schicken kann. In der Kirchgemeinde nehmen wir emphatisch Anteil an den Nöten der anderen- und nicht selten dreht sich ein Mitglied um, und verdreht genervt die Augen…

Jemand ist etwas wert, wenn er über einen guten Job, eine hohe Schulausbildung, eine liebevolle Familie, ein gutes Gehalt, eine treue Ehefrau, ein grosses Haus und ein teures Auto verfügt und sich exklusive Urlaubsreisen leisten kann. Noch besser ist es, wenn man berühmt ist, weil man einen Nobelpreis erhalten hat oder ein berühmter Schriftsteller oder Wissenschaftler ist. Viele Menschen leben nur für Reichtum und Ruhm.

Umso schlimmer, wenn man etwas davon verliert. Dann empfindet man nicht nur Traurigkeit über den Verlust. Nein, man schämt sich auch noch dafür. Denn was werden nun die anderen denken?

Sie werden auf einen herabsehen. Vielleicht lachen sie sich heimlich ins Fäustchen „das geschieht dem recht". Oder ihre Erwartungen wurden erfüllt: „Ich wusste doch immer, dass aus dem Versager nichts wird!". Man gehört in gewissen Kreisen nicht mehr dazu, da im Freundeskreis nur intakte Familien sind oder nur Leute, die viel verdienen und erfolgreich sind. Sicher bemerken sie, wenn man das teure Auto gegen ein billigeres ersetzt. Diese Schmach will man lieber gar nicht spüren.

Und was tut man dann?

Man zieht sich zurück.

Man greift den eventuellen Vorwürfen, Schmähungen und dem Spott vor, indem man sich zurückzieht und so keine Angriffsfläche bietet. Oder man greift, wie in der Geschichte mit dem Hammer, den anderen gleich an, weil man glaubt, man könne sich so vor einem möglichen verbalen Angriff schützen.

Das Problem ist, dass man dann sehr schnell einsam wird. Man bekommt gar nicht mit, dass es anderen auch nicht immer nur gut geht und dass jeder mal Pech im Leben hat. Das Denken kreist ausschliesslich um das eigene Leid. Man geht davon aus, dass jeder andere alles erreichen kann, was er will. Nur man selbst bekommt es nicht hin.

Dieses Denken führt nicht selten in eine richtige Depression.

Doch nicht nur der Rückzug ist ein Problem. Dieser wird im Kapitel „Clusion (sich zurückziehen)" beschrieben. Es sind vor allem die verinnerlichten Erwartungen, die uns antreiben.

Ständig überlegen wir, was die anderen von uns erwarten. Da sind die Ratschläge und Wünsche unserer Eltern. Sie haben uns geprägt. Und nicht selten rennen wir, obwohl wir längst erwachsen sind, diesen Wünschen immer noch hinterher, weil wir glauben und hoffen, dass wir dann ihre Wertschätzung und Anerkennung erhalten.

Doch erstens ist das gar nicht sicher, dass sie uns dafür loben werden. Wenn Eltern schon in unserer Kindheit spärlich mit Lob und Wertschätzung waren, werden sie nicht als alte Menschen plötzlich damit anfangen!

Zweitens sollten wir uns fragen, ob diese Wünsche überhaupt der Realität entsprechen. Die meisten Eltern wollen einfach, dass ihre Kinder irgendwann erwachsen und glücklich sind, dass sie ein selbstbestimmtes Leben führen und Verantwortung dafür übernehmen. Doch das tun wir ja gar nicht, wenn wir immer noch das tun, was unsere Eltern uns als Kind geraten haben. Aber wie viele Erwachsene kennen wir, die als Jugendliche eine Ausbildung nach der Erwartung der Eltern ausgewählt haben, und bis heute darin arbeiten, weil sie glauben, die Eltern würden das so gut finden? Auch wenn sie dabei unzufrieden und unglücklich sind und ihr ganzes Leben lang bereuen, dass sie nicht etwas anderes gelernt oder gemacht haben. Dabei hätten sie inzwischen viele Jahre lang Zeit gehabt, dies zu ändern.

Drittens geben wir damit die Verantwortung für unser Leben an die Eltern ab. Wollen wir wirklich so fremdbestimmt leben? Es ist gar nicht verwunderlich, wenn man unzufrieden ist, weil man glaubt, man wäre vom Schicksal beeinträchtigt.

Als Mutter nervt mich nichts mehr, als wenn eines meiner Kinder darüber jammert, was alles schief gelaufen ist und wer daran schuld sei, dass es so ist. Wenn eine Arbeit schlecht ausfiel, ist natürlich der Lehrer daran schuld, weil der Stoff angeblich nicht durchgenommen wurde. Komisch daran ist nur, dass alle anderen SchülerInnern eine gute Note hatten.

Warum sollte es also Ihren Eltern anders gehen? Sie wollen sicherlich auch nur, dass Sie Ihr Leben endlich erwachsen und eigenverantwortlich in die Hand nehmen.

Statt darüber nachzudenken, was andere über

einen denken könnten (was man ja sowieso nie wissen kann, wenn man kein Hellseher oder Prophet ist), ist es besser, bei sich zu bleiben. Was will ich? Was ist mir wichtig? Wie geht es mir damit? Was kann ich tun, damit es mir wieder besser geht?

Mehr darüber finden Sie im Kapitel „Eigenverantwortung".

Gewohnheit

„Immer, wenn ich traurig bin, trinke ich nen Korn. Wenn ich dann noch traurig bin, trink ich noch en Korn. Und wenn ich dann noch traurig bin, dann trink ich noch en Korn, und wenn ich dann noch traurig bin, dann fang ich an von vorn..." (Heinz Erhardt)

Der Mensch möchte schlechte Gefühle nicht empfinden. Daher versucht er, Probleme entweder schnell zu lösen, oder, wenn das nicht gelingt, sie zu verdrängen, klein zu reden oder zu kaschieren.

Hierzu greift er meist auf Mechanismen zurück, die ihm bereits vertraut sind.

Alkohol ist legal und überall erhältlich. Das

Feierabendbier hilft abzuschalten, der Schnaps nach dem fetten Essen zur Verdauung, der Sekt vor einem Geschäftsanlass zur nötigen Lockerheit und zu einem guten Essen gehört ein guter Wein. Irgendwann braucht man jeden Abend ein Glas zum Abschalten, dann werden es auch mal zwei oder drei… Man versucht die schlechten Gefühle zunehmend auch tagsüber zu verdrängen und irgendwann braucht man morgens ein Glas, um den Tremor weg zu bekommen. Zugegeben, das klingt sehr theatralisch. Meistens dauert es einige Monate oder Jahre, bis man vom täglichen Feierabendbier bei der Alkoholsucht landet. Das Problem ist, dass dies meistens so schleichend passiert, dass man es gar nicht bemerkt. Man registriert es erst dann, dass man ein Problem damit hat, wenn man von anderen darauf angesprochen wird, oder wenn man es nicht mehr schafft, mal eine Woche ganz ohne Alkohol auszukommen.

Ähnlich ist es mit Drogen oder Medikamenten. Zuerst helfen diese zur Entspannung und beim Einschlafen, und irgendwann kann man ohne nicht mehr.

Doch nicht nur Substanzen können eine gewisse

Sucht bewirken. Manche Menschen verletzen sich selbst, um Druck und Anspannung oder Angst abzubauen. Auch dieses wird im Laufe zu einer Sucht. Jedes Mal, wenn man nervös wird oder ärgerlich, würde man am liebsten die Rasierklinge nehmen und sich damit ritzen. Dann wäre die Anspannung weg und der angenehme Schmerz würde einen fühlen lassen, dass man noch lebt. Macht man dies immer wieder über längere Zeit, entwickelt sich darauf eine Gewohnheit, welche einem in unangenehmen Situationen sofort als Lösung einfällt. Betroffene berichten, dass sie oft Jahre nach der letzten Selbstverletzung noch den Drang danach verspüren, ähnlich wie ein Alkoholkranker noch jahrelang keinen Schluck trinken kann ohne anschliessend den Drang nach noch mehr zu empfinden.

Auch Essstörungen aller Art sind eine Gewohnheit, mit Druck und schlechten Gefühlen umzugehen. Wenn Betroffene traurig sind, eine hohe Anspannung verspüren oder Angst haben, können sie diese negativen Gefühle durch viel essen, hungern oder sich übergeben zumindest für den Moment mindern.

Sogar Depressionen können eine solche Gewohnheit darstellen. Es ist ein Mechanismus, der einsetzt, wenn wir unzufrieden mit dem Leben sind, oder wenn wir uns überfordert oder unterfordert fühlen. Anstatt etwas in unserer Einstellung zu verändern, geben wir uns der Leere und Depression hin. Es ist ja auch bequemer, sich dem hinzugeben, als sich anzustrengen, möglichst rasch aus der Krise herauszufinden. Natürlich gefällt diese Ansicht Depressiven gar nicht. Sie möchten gerne bemitleidet und getröstet werden. Dazu hörte ich einmal, dass man eine Krise auch mit einem warmen Bad vergleichen könnte. Es tut gut, sich ein wenig in Selbstmitleid zu baden. Es hilft dann auch, getröstet und versorgt zu werden. Aber man bleibt in einem warmen Bad nicht wochenlang, sonst würde die Haut schrumpelig werden. Mir gefällt dieser Vergleich. Natürlich ist es in Ordnung, wenn man sich einmal gehen lässt und alle Sorgen und Ängste beweint oder herausschreit. Aber irgendwann sollte man sich überlegen, was einem hilft, dass es einem wieder besser geht.

Natürlich gibt es auch psychische Krankheiten, welche organisch bedingt sind. Dort helfen nur

Medikamente und Therapie, dass man psychisch wieder stabil wird. Aber statt diese Hilfe abzulehnen, weil man meint, man müsse ohne Medikamente auskommen (denn was sollen die anderen sagen, wenn sie merken, dass man Psychopharmaka nimmt oder in Therapie geht!?), sollte man diese auch annehmen. Es ist auf jeden Fall besser, mit Medikamenten und therapeutischer Unterstützung ein selbstbestimmtes Leben führen zu können, als sich ohne diese Hilfen depressiv im Bett zu verkriechen, oder sich im Alltag zu quälen, bis man nicht mehr kann und nicht mehr mag.

Das Problem an allen diesen Gewohnheiten ist, dass sie kurzfristig durchaus die Not lindern. Deswegen benutzt man sie ja auch.

Aber langfristig legt man sich damit manifeste psychiatrische Störungen zu, die das eigentliche Leid nur noch vergrössern und verlängern. Denn es ist oft gar nicht einfach, diese Gewohnheiten wieder abzulegen. Das ist oft ein lebenslanger Kampf.

Anstatt sich ungesunden Gewohnheiten hinzugeben, sollte man sich daher lieber gesündere Strategien überlegen.

Was aber tut man, wenn man feststellt, dass man ungesunde Gewohnheiten hat?

Es ist nie zu spät, diese wieder abzulegen. Dazu steht zu Beginn immer die Entscheidung, dass man etwas verändern will. Manchmal mag es schwer sein, Gewohnheiten abzulegen. Sie haben ja doch immer kurzfristig geholfen. Vielleicht ist es auch nötig, sich dabei Hilfe von Therapeuten, Kliniken, Psychiatern oder Freunden zu suchen. Das sollte aber nicht beschämen. Im Gegenteil: Jeder ist zu bewundern, der gewillt ist, etwas Neues auszuprobieren.

Vielleicht haben Sie ja auch eine Gewohnheit gefunden, die Sie auf Dauer unglücklich und krank macht? Sie möchten diese gerne los werden, aber wissen nicht recht, wie? Dann können Sie gerne im Kapitel „Nicht festhalten, loslassen" lesen, wie das funktionieren könnte. Aber schon an dieser Stelle Herzlichen Glückwunsch zu Ihrer Entscheidung, einen neuen Weg einschlagen und etwas verändern zu wollen! Sie werden sehen, dass dieser erste Schritt der wichtigste sein wird. Eine Buddhistische Weisheit besagt: „Auch ein Weg mit 1000 Meilen beginnt mit dem ersten Schritt."

Lamentieren

Kürzlich traf sich Eliane nach längerer Zeit mit ihrer langjährigen Freundin Vivienne. Sie waren gemeinsam in einem schönen Restaurant essen. Das Restaurant hatte einen schönen Biergarten in der Sonne. Vivienne meinte: „Ich kann aber nicht in der Sonne sitzen wegen meiner Haut. Eigentlich würde ich lieber drin sitzen, da hat es dann auch keine Fliegen." Sie gingen also hinein, setzten sich hin und studierten die Speisekarte. Eliane fragte ihre Freundin, wie es ihr ginge. Darauf antwortete Vivienne mit klagender Stimme: „Ach, mir geht so schlecht. Ich habe schon seit Tagen eine Magenschleimentzündung, und es wird trotz Antibiotika nicht besser. Mir ist immer schlecht und ich kann oft fast nichts essen." Natürlich drückte Eliane ihr Mitgefühl aus, auch wenn Vivienne das Essen trotzdem gut zu schmecken schien. Denn sie ass eine grosse Portion. Vivienne fragte Eliane, ob diese nach langer Arbeitslosigkeit endlich einen Job gefunden hätte. Eliane bejahte freudig, doch bevor sie davon erzählen konnte, beklagte sich Vivienne: „Ich suche auch schon so lange. Habe schon drei Bewerbungen geschrieben. Bei einem Gespräch haben sie mir grad abgesagt, weil ich schon so lange als Mutter zuhause bin. Ich glaube, dass ich nie was finden *werde. Du bist echt zu beneiden."* Dass Eliane danach ein schlechtes Gewissen hatte, brauche ich wohl nicht zu betonen, auch wenn Eliane fast 300 Bewerbungen geschrieben hatte, bis sie endlich etwas fand. Das Essen war sehr lecker, aber Vivienne meckerte: „Das Fleisch ist viel zu zäh und das Gemüse viel zu trocken. Dieses Restaurant ist auch nicht mehr das, was es mal war. Heute gibt es eh kaum noch wirklich gute Restaurants." Das Gespräch kam auf die Kinder. Vivienne beklagte sich über die Pubertät und wie gemein und faul ihre Kinder oft seien. Dabei gehen alle vier auf das Gymnasium, haben super Noten und sind sportlich sehr erfolgreich. Aber es ist ja möglich, dass sie zuhause ganz anders sind, denn Eliane erlebte Viviennes Kinder immer als sehr nett, respektvoll und gut erzogen. Nach dem Essen gingen beide Frauen zum Auto, und Eliane schlug vor, dass sie das ja öfter machen könnten. Doch Vivienne entgegnete: „Ja, weisst du, eigentlich ist mir das viel zu teuer. Ich habe nicht so viel Geld. Es wird jetzt diesen Monat schon knapp. Ich kann das nicht so oft machen wie du vielleicht." Also lud Eliane ihre Freundin für das nächste Mal zu sich ein, doch Vivienne lehnte erneut ab: „Ich habe gar nicht so viel Zeit. Meine Kinder kommen sonst nach Hause zum Mittagessen und dann erwarten sie, dass ich gekocht habe. Tut mir leid!" Das *fand Eliane schade, denn Viviennes Kinder waren alle erwachsen und daher wohl in der Lage, sich selbst zu versorgen. Aber sie konnte ihre Freundin nicht umstimmen. Sie trennten sich. Für den Rest des Tages war Eliane schlecht gelaunt und deprimiert. Sie wollte endlich mal wieder einen schönen Tag mit ihrer Freundin zusammen erleben, doch stattdessen war ihre Stimmung durch das ständige Gejammere wirklich verdorben.*

Sie fragte sich hinterher, wie es wohl ihrer Freundin danach ergangen war. Ging es ihr besser, weil sie sich endlich mal wieder über alles ausjammern konnte? Dann hätte ihr Treffen ja einen Sinn gehabt. Aber Eliane konnte sich das nicht vorstellen, denn Vivienne schien nicht glücklich gewesen zu sein. Und Eliane war es hinterher auch nicht mehr.

Wir kennen alle solche Menschen, welche sich jedes Mal, wenn man sie trifft, über ihr Leid beklagen. Sie scheinen nie etwas Schönes zu erleben. Ihr ganzes Leben besteht nur aus Pech. Ich frage mich dann manchmal, wie sich wohl die Kinder und Partner solcher Menschen fühlen, wenn sie nur als Last empfunden werden.

Noch bei keinem dieser Menschen hatte ich wirklich das Gefühl, dass sie glücklich mit ihrem

Leben sind. Also scheint das Beklagen ja gar nicht viel zu bringen. Es macht höchstens einsam, denn wer möchte schon gerne mit Menschen zusammen sein, welche einem die Stimmung verderben?

Doch auch ich habe solche Phasen oder Tage, an denen ich einfach alles „zum Kotzen" finde. Da möchte ich mein Leid herausschreien oder mich ausweinen und jedem meine schlechte Laune wissen lassen. Solche Tage hat sicher jeder einmal. Die Frage ist, ob mir das dann etwas bringt. Meistens bewirkt es das Gegenteil, weil ich die anderen mit meiner schlechten Laune anstecke. Und meine Laune wird sich nicht bessern, wenn die anderen um mich herum auch noch schlecht gelaunt sind.

Es ist einfach Fakt, dass man sich lieber mit Menschen umgibt, die eine fröhliche Ausstrahlung haben. Natürlich kann man nicht jeden Tag nur fröhlich durch die Gegend rennen. Manchmal reissen einem Schicksalsschläge den Boden unter den Füssen weg. Dann braucht man jemanden, der einen tröstet. Das ist dann auch in Ordnung so.

Aber überprüfen wir uns doch einmal. Wie wirke

ich auf andere? Was drücke ich öfter aus: meine Freude und Dankbarkeit oder mein Leid und Elend?

Wenn wir jammern, möchten wir Mitleid von anderen. Doch überfordern wir die anderen nicht damit? Fröhliche Menschen können sich einfach nicht vorstellen, dass man oft wegen Kleinigkeiten deprimiert ist. Und ganz ehrlich: Würden wir denn wollen, dass sie es nachvollziehen können? Ist uns nicht mehr geholfen, wenn sie fröhlich bleiben und uns mit ihrer guten Laune anstecken?

Eliane besuchte an diesem Tag noch eine andere Freundin, Chantalle. Diese lag nach einer Operation im Krankenhaus und Eliane wusste, dass es ihr noch nicht gut ging. Obwohl sie mittlerweile selbst deprimiert war, wollte sie trotzdem diese Freundin besuchen. Sie öffnete vorsichtig die Krankenzimmertür. Als Chantalle sie erblickte, strahlte sie Eliane an. Sie freute sich sehr über diesen Besuch. Als Eliane sie fragte, wie es ihr ginge, antwortete diese: „Es tut mir schon noch weh und ich habe auch noch Fieber. Aber es geht mir immer besser. Und ich bin so froh, dass ich die Operation so gut überstanden habe. Und ich bin so glücklich, dass du mich besuchst." Sie sprachen auch über die Kinder. Chantalles Sohn besuchte die Förderschule, weil er kognitive Schwierigkeiten hatte. Chantalle erzählte begeistert: „Zum Glück konnte ich die Theateraufführung noch besuchen. Du hättest ihn sehen sollen! Er hat seine Rolle perfekt gemacht und er war so happy, als das Publikum klatschte. Ich bin so stolz auf ihn." Kurz darauf wurde das Essen gebracht. Es handelte sich dabei um typische Krankenhauskost. Eliane fragte Chantalle, ob man dieses Zeug überhaupt geniessen könnte. Chantalle nickte: „Es ist gar nicht so schlecht. Vor allem muss ich nicht mal kauen". Beide lachten. Als sie sich verabschiedeten, winkten sie sich fröhlich zu. Draussen stellte Eliane verwundert fest, dass ihre Laune nun sehr viel besser war. Ihr hatte der Besuch bei der wirklich schwer kranken Freundin richtig gut getan.

Wenn man ein Mensch ist, der schnell mit Veränderungen oder negativen Nachrichten überfordert ist und zum Jammern neigt, wird es schwer sein, dies zu ändern. Aber es ist auf jeden Fall möglich, wenn man das möchte.

Dazu sollte man nicht so sehr auf die Dinge achten, welche nicht optimal oder den eigenen Vorstellungen gemäss laufen. Man sollte sich lieber auf das Positive konzentrieren.

Man kann sich über jede Ungerechtigkeit, über den Lebenspartner, die Kinder, schlechte Noten und das Wetter beklagen (wobei es das Wetter vermutlich nicht interessiert, ob wir darüber meckern oder nicht- es wird sich trotzdem nicht ändern!). Man kann neidisch auf andere sein, die es anscheinend leichter im Leben haben als man selbst. Und man kann andere mit der schlechten Laune und der Missgunst anstecken. Wahrscheinlich wird man damit ein paar Freunde vergraulen, weil sich das niemand auf Dauer anhören möchte.

Oder man kann sich überlegen, was einem alles im Leben geschenkt wurde. Und dafür dankbar sein. Dankbarkeit ist einer der wichtigsten Punkte, wenn man glücklich und zufrieden im Leben sein möchte. Dies hat nicht nur, wie in dem gezeigten Beispiel, eine positive Wirkung auf die anderen Menschen um uns herum. Sondern es geht uns selbst deutlich besser, wenn wir das Positive in den Fokus rücken.

Doch Dankbarkeit alleine bewirkt nicht, dass wir nicht mehr jammern. Oft jammern und lamentieren wir, weil wir glauben, dass wir etwas nicht auf die Reihe bekommen. Wir haben das Gefühl, dass uns alles über den Kopf wächst. Wir glauben, dass wir einfach nicht mehr können. Statt uns diesem Jammer hinzugeben und uns in der Kummerhöhle verkriechen, könnten wir jedoch auch einfach tun, was gerade ansteht. Wenn wir eines nach dem anderen erledigen, fühlen wir uns auch wieder besser und unser Selbstvertrauen wächst. Wie das aussehen könnte, zeige ich im Kapitel „Do it und Dankbarkeit"

Uralte Geschichten und Zukunftsängste

Es kamen einmal ein paar Suchende zu einem alten Zenmeister.

„Herr", fragten sie „was tust du, um glücklich und zufrieden zu sein? Wir wären auch gerne so glücklich wie du."

Der Alte antwortete mit mildem Lächeln: „Wenn ich liege, dann liege ich. Wenn ich aufstehe, dann stehe ich auf. Wenn ich gehe, dann gehe ich und wenn ich esse, dann esse ich."

Die Fragenden schauten etwas betreten in die Runde.

Einer platzte heraus: „Bitte, treibe keinen Spott mit uns. Was du sagst, tun wir auch. Wir schlafen, essen und gehen. Aber wir sind nicht glücklich. Was ist also dein Geheimnis?"

Es kam die gleiche Antwort: „Wenn ich liege, dann liege ich. Wenn ich aufstehe, dann stehe ich auf. Wenn ich gehe, dann gehe ist und wenn ich esse, dann esse ich."

Die Unruhe und den Unmut der Suchenden spürend fügte der Meister nach einer Weile hinzu: „Sicher liegt auch Ihr und Ihr geht auch und Ihr esst. Aber während Ihr liegt, denkt Ihr schon ans Aufstehen. Während Ihr aufsteht, überlegt Ihr wohin Ihr geht und während Ihr geht, fragt Ihr Euch, was Ihr essen werdet. So sind Eure Gedanken ständig woanders und nicht da, wo Ihr gerade seid. In dem Schnittpunkt zwischen Vergangenheit und Zukunft findet das eigentliche Leben statt. Lasst Euch auf diesen nicht messbaren Augenblick ganz ein und Ihr habt die Chance, wirklich glücklich und zufrieden zu sein."

Diese Geschichte aus dem Zen handelt vor allem davon, dass wir bei allem, was wir tun, mit unseren Gedanken schon in der Zukunft sind. Selten konzentrieren wir uns wirklich auf das, was wir gerade tun. Entweder machen wir noch andere Dinge nebenher oder wir sind mit den Gedanken bei der nächsten Aufgabe.

Es ist heute modern, dass wir beispielsweise einen Brief schreiben, nebenher Musik hören, vielleicht sogar einen Film anschauen, zwischendurch auf dem Handy neue Nachrichten checken, das Mittagessen vorbereiten und dann klingelt auch noch das Telefon. Super, wenn Menschen das können. Manchmal beneide ich diese ja.

Andererseits verursacht das trotz allem Stress. Wenn man sich nicht auf eine Aufgabe konzentriert, macht man Flüchtigkeitsfehler und es braucht viel mehr Zeit, diese fertig zu stellen.

Es kann sogar auch gefährlich sein. Viele Autofahrer machen auf der Autofahrt Selfies, programmieren das Navi, beantworten Mails, telefonieren oder suchen auf dem Radio nach einer besseren Sendung. Meistens geht das ja gut. Aber oft ist man doch nicht ganz bei der Sache und übersieht schnell ein Kind, das auf die Strasse läuft, oder ein Auto, das die Vorfahrt missachtet, oder den Beginn eines Staus auf der Autobahn. Man reagiert durch die Ablenkung einfach ein paar Sekunden zu spät.

Auch bei der Kindererziehung ist es heute modern, dass man zwar anwesend ist, aber eben doch nicht voll da. Auf dem Spielplatz sehe ich oft Mütter, die die ganze Zeit auf ihr Handy schauen, und Kinder, die vergeblich „Mama" rufen, weil sie ihr etwas zeigen wollen. Oder Mütter, die mit einer Hand den Kinderwagen schieben und mit der anderen ihr Handy bedienen. Zuhause läuft natürlich der Fernseher nebenher, oder das Handy vibriert die ganze Zeit. Dadurch wächst eine Generation heran, für die es ganz normal ist, dass man ständig online ist. Nachteil ist, dass diese Generation sich gar nicht mehr in eine Aufgabe richtig vertiefen kann.

Weiterer Nachteil ist, dass man auch keine Ruhe mehr hat. Viele Menschen können heute die Ruhe gar nicht mehr ertragen. Sie brauchen ständig Ablenkung: Beim Warten auf den Bus, im Bus, auf dem Fussweg nach Hause, während der Arbeit und abends im Bett bis zum Einschlafen benutzt man das Handy oder Tablet. Bloss keine Ruhe aufkommen lassen und bloss nicht nachdenken!

All diesem ist gemein, dass man nicht wirklich in der Gegenwart verankert ist. Entweder denkt man die ganze Zeit an die Zukunft oder man lebt in einer virtuellen Parallelwelt.

Doch nicht nur die Zukunft beschäftigt uns. Auch der Vergangenheit räumen wir in unseren Gedanken viel Platz ein. Vor allem psychisch Kranke hängen sehr oft in der Vergangenheit fest. Das ist verständlich, wenn Menschen ein Trauma erlebt haben, welches sie immer wieder in Albträumen oder Flashbacks beschäftigt. Da macht es Sinn, dieses therapeutisch zu behandeln, so dass dieses vergangene Trauma die Gegenwart nicht einschränkt. Doch auch da sollte irgendwann der Punkt kommen, an dem man die Vergangenheit für sich selbst akzeptiert. Auch mit viel Therapie lässt sich das Vergangene nicht ungeschehen machen!

Natürlich kann man lebenslang dem hinterher trauern, was einem nicht vergönnt war. Man kann mit diesen Mängeln auch begründen, warum man heute nicht in der Lage ist, ein normales Leben zu führen und damit die Schuld für alles anderen Personen zuschieben. Es ist auch richtig, dass Mängel oder Traumata in der Kindheit die kindliche Entwicklung beeinträchtigen und die Persönlichkeit eines Menschen prägen. Mithilfe einer Therapie kann man herausfinden, wie diese

Erlebnisse geprägt haben und warum man oft so „komisch" reagiert. Das ist wichtig zu wissen, damit man sich selbst verstehen lernt.

Doch irgendwann sollte man sich selbst zu liebe wieder in die Gegenwart zurückkehren. Es wäre doch schade, wenn man sich sein ganzes Leben lang von den vergangenen Dingen beeinflussen und einschränken lässt! Will ich wirklich vergangenen Erlebnissen und Personen heute noch die Macht einräumen, mein Leben zu bestimmen?

Dies ist sicherlich in vielen Fällen nicht einfach. Man denke an Menschen, die Kriegssituationen erlebt haben, und heute noch jede Nacht davon träumen oder bei bestimmten Geräuschen erschrecken. Oder es gibt Menschen, die in ihrer Kindheit vernachlässigt oder gedemütigt wurden und daher ein sehr schwaches Selbstwertgefühl mitbringen. Auch Menschen, die missbraucht oder misshandelt wurden, müssen das erst verarbeiten. Menschen, die gemobbt wurden, werden immer sehr sensibel auf Ausgrenzung oder zwischenmenschliche Konflikte reagieren. In allen diesen extremen Fällen rate ich hier ausdrücklich zu einer Therapie, denn solche

Erlebnisse kann man nur selten alleine verarbeiten (aber es gibt Menschen, welche das schaffen, und davor habe ich grossen Respekt!) Doch selbst bei diesen extremen Fällen sollte man sich irgendwann einmal die Frage stellen, wie man sein jetziges Leben gestalten möchte. Auch wenn man wirklich schlimme Dinge erlebt hat, kann man ab einem gewissen Punkt sein Leben wieder in die Hand nehmen.

Nun werden manche denken: „Die Autorin hat doch gar keine Ahnung. Ich habe so viel Schlimmes erlebt, und dadurch eine Chronische Posttraumatische Belastungsstörung. Ich werde nie mehr gesund werden, bin frühpensioniert, geschieden und leide ständig unter Depressionen und Albträumen."

Das gibt es. Es gibt Menschen, welche aufgrund der schlimmen Erfahrungen solche schwerwiegenden psychischen Probleme entwickelt haben, dass sie nicht mehr arbeiten können. Doch auch hiermit kann man unterschiedlich umgehen. Man kann ständig an die Vergangenheit denken, Rachegedanken gegenüber den Tätern pflegen, sein eigenes ungerechtes Leid beklagen und jeden Tag darüber nachdenken, was man im Leben alles verpasst hat.

Oder man akzeptiert seine Krankheit und macht das Beste draus.

Eine Arbeit zu haben ist in unserer Gesellschaft sehr wichtig. Jemand, der zuhause ist, geniesst nicht den gleichen Status wie jemand, der arbeitet. Doch ein Job ist nicht alles im Leben. Man kann sich ein Ehrenamt suchen, bei dem man wenige Stunden investiert- gerade so, wie es die eigenen gesundheitlichen Grenzen eben zu lassen- und bekommt so das Gefühl, etwas Sinnvolles in der Gegenwart zu bewirken.

Und wenn selbst das nicht geht? Dann kann man es sich immer noch zuhause schön machen und etwas basteln, malen, die Wohnung dekorieren, im Garten arbeiten, viel spazieren gehen…

Natürlich wird man nicht völlig alle Erinnerungen an die Vergangenheit abschalten können. Es ist ganz normal, dass immer wieder Erinnerungen hochkommen und damit auch schmerzliche Gefühle wie Traurigkeit oder Wut. Das sollten wir dann einfach akzeptieren. Vielleicht tut es auch gut, sich kurz der

Traurigkeit oder Wut hinzugeben. Dann aber sollten wir wieder in die Gegenwart zurückkehren.

Genauso verhält es sich mit der Zukunft. Natürlich müssen wir darüber nachdenken, welche Termine am Tag anstehen und welche Ziele wir noch im Leben erreichen wollen. Aber auch hier kann man unterschiedlich mit Gedanken um die Zukunft umgehen.

Manchmal kreisen die Gedanken ständig um einen zukünftigen Termin. Egal, wie sehr man darüber nachdenkt, man kommt zu keinem Ergebnis. Diese Sorgen beschäftigen einen Tag und Nacht und lassen einen nicht zur Ruhe kommen. Diese Gedanken sind äusserst unproduktiv. Hier ist es besser, sich ganz bewusst mit etwas anderem abzulenken. Wenn man Probleme nicht lösen kann, macht es auch keinen Sinn, sie tausendmal durchzukauen.

Auch hier höre ich einen Aufschrei: „Aber Gedankenkreisen ist ein Symptom meiner Depression. Ich kann das gar nicht abstellen."

Das ist eine Opfer-Haltung. Man gibt seine Verantwortung für sich selbst ab und schiebt sie vergangenen Personen oder Ereignissen oder einer Krankheit zu. Damit zeigt man, dass man völlig machtlos dem Gedankenkreisen ausgesetzt ist. Diese Gedanken finden aber immer noch in meinem Kopf statt! Das bedeutet, dass ich sie eben doch immer mal wieder ausschalten kann. Ich kann mich bewusst auf etwas anderes konzentrieren.

Oder aber ich löse das Problem. Gerade Depressive haben oft die Schwierigkeit, sich zu entscheiden. Sie fühlen sich völlig überfordert damit, Entscheidungen zu treffen. Aber nicht nur Depressive, auch Menschen mit einem geringen Selbstwertgefühl trauen sich Entscheidungen nicht zu. Vielleicht spielt dort auch häufig der Wunsch nach der perfekten Entscheidung eine Rolle. Oder man hat Angst, die falsche Entscheidung zu treffen, und trifft daher lieber gar keine. Damit bleiben wir bei diesen Sorgen haften und bewegen uns nicht vorwärts. Es ist viel besser, eine Entscheidung zu treffen und damit dieses Problem aus dem Kopf zu bekommen. Ob es die richtige war, wissen wir ohnehin oft erst nachher.

Ein ganz einfacher Trick, eine Entscheidung

zwischen zwei Optionen zu treffen, ist würfeln oder eine Münze werfen. Bei geraden Zahlen ist es Entscheidung A, bei ungeraden Entscheidung B. Spätestens, wenn wir gar nicht mit dem gewürfelten Ergebnis zufrieden sind, wissen wir, wie wir entscheiden wollen.

Bei schwerwiegenden Entscheidungen helfen auch oft Pro- und Contra-Listen.

Nach getroffenen Entscheidungen können wir getrost wieder zu unseren gegenwärtigen Aufgaben zurückkehren und uns auf die Gegenwart konzentrieren.

Um uns Entscheidungen zuzutrauen, brauchen wir Selbstvertrauen. Damit wir die Vergangenheit abhaken und die Sorgen um die Zukunft eindämmen können, brauchen wir das Vertrauen, dass alles seinen Sinn hat. Und auch das Vertrauen, dass wir mit allen kommenden Situationen umgehen werden können. Vielleicht hilft uns dabei auch das Vertrauen an eine höhere Instanz wie Gott oder Allah. Normalerweise lernt das kleine Kind, dass es sich auf seine Eltern und sich selbst verlassen kann. Dies bezeichnet man als „Urvertrauen". Doch selbst wenn die Eltern einem dies als Kind nicht vermitteln konnten, ist es möglich, dies als Erwachsener zu lernen. Darum geht es im Kapitel „Ur-Vertrauen".

Clusion (Sich zurückziehen)

Höhle spielen gehört zu den liebsten Spielen von Kindern. Ich erinnere mich daran, wie wir unter dem Stockbett meines Bruders Decken befestigt hatten, so dass das untere Bett eine Höhle war. Wir nahmen Butterkekse und Trinken mit in diese Höhle. Auch meine Kinder bauten gerne Höhlen unter dem Stockbett oder unter dem Esstisch. Diese Höhlen geben ein Gefühl von Geborgenheit, Schutz und Gemütlichkeit. Zudem ist es unter den Decken warm und ruhig.

Menschen brauchen Rückzugsräume. Sie brauchen auch Ruhe nach dem Alltag. Was gibt es Schöneres, als nach einem anstrengenden Arbeitstag abends in das weiche Bett zu sinken und die nächtliche Ruhe zu geniessen?

Auch Menschen mit Depressionen ziehen sich gerne zurück. Sie sind durch die Krankheit oft mit dem Alltag überfordert, da die wenige Energie, die noch verbleibt, für die Arbeit geopfert werden muss.

Dafür bieten sich Höhlen an. Doch was ist der Unterschied zwischen den Höhlen, die wir als Kinder bauten, und der Höhle, in die sich Erwachsene zurückziehen? Kinder bauen ihre Höhlen meistens mit anderen zusammen und ziehen sich gemeinsam mit anderen in diese Höhle zurück. Erwachsene Menschen mit Depressionen hingegen ziehen sich vollständig in sich selbst zurück und lassen niemanden mehr an sich heran. Dadurch fühlen sie sich einsam und unverstanden. Doch wie soll man ihnen nahe kommen, wenn sie sich einigeln?

Gerade in einer Depression- oder auch in einer Krise jeder Art- ist es ganz wichtig, dass man sich an andere Menschen wendet, um sich nicht einsam zu fühlen! Geteiltes Leid ist halbes Leid. Das ist zwar ein sehr alter Spruch, aber er trifft zu. Wenn man seine Nöte, Sorgen und Ängste jemandem mitteilen kann, kann das erleichtern. Vielleicht sind Freunde oder Verwandte damit überfordert. Dann kann man sich an Ärzte oder Therapeuten wenden, welche für diese Hilfeleistung ausgebildet sind und dafür bezahlt werden.

In einem früheren Kapitel habe ich geschrieben,

dass Lamentieren ein schädlicher Umgang mit Krisen ist. Nun behaupte ich, dass geteiltes Leid halbes Leid ist. Was denn nun?

Es besteht ein grosser Unterschied, ob ich jemandem ständig mein angebliches Leid anvertrauen muss, obwohl es sich immer um dieselben Probleme und Sorgen handelt und obwohl es sich dabei vielleicht um Kleinigkeiten handelt.

Oder ob es mir gerade sehr schlecht geht und ich wirklich Hilfe suche. Das ist auch eine Sache der Gegenseitigkeit. Es gibt Menschen, welche grundsätzlich nur über ihr eigenes Leid klagen und sich im Gegenzug aber nicht für andere interessieren. Und es gibt Menschen, welche immer ein offenes Ohr haben, aber sich nicht getrauen, anderen von ihren Sorgen zu erzählen, obwohl es ihnen wirklich schlecht geht.

Wenn es jemandem wirklich schlecht geht, sollte er mit seinen Gedanken und Sorgen nicht alleine bleiben. Gerade bei Suizidgedanken ist es sehr wichtig, andere davon zu informieren. Nur dann kann geholfen werden!

Wenn man sich zurückzieht, wird man einsam.

Zudem kreisen die Gedanken nur noch um seine eigene Krise. Der Betroffene bekommt einen Tunnelblick. Er nimmt nur noch seine Krise und die Ausweglosigkeit seiner Situation wahr. Je mehr sich die Gedanken nur noch darum kreisen, desto mehr nehmen sie zu und desto grösser wird die Krise. Dies kann sich zuspitzen, bis der Betroffene keinen Ausweg mehr sieht und nicht mehr leben möchte.

Hier ist Krisenintervention absolut angesagt! In einer Psychiatrie kann dem Betroffenen mit Medikamenten und Therapie geholfen werden, wieder Hoffnung zu finden.

Es ist am besten, Krisen vorher abzufangen. Wenn man bemerkt, dass sich jemand plötzlich zurückzieht, sollte man behutsam nachfragen. Man sollte ihn zu nichts drängen, aber klarstellen, dass man immer für denjenigen da sein wird. Man kann demjenigen anbieten, dass er sich jederzeit melden kann, wenn es ihm schlecht geht und er jemanden zum Reden braucht. Man sollte ihn einladen, auch einmal das Haus gemeinsam zu verlassen. Oft bewirkt Ablenkung schon eine Besserung der Krise.

Als Betroffener sollte man dem Drang, sich

komplett zurückziehen, widerstehen. Es ist in Ordnung, sich bewusst Pausen und Erholung zu gönnen. Aber man sollte pro Tag einen Spaziergang und pro Woche einen Termin mit Freunden einplanen. Sonst werden die Einsamkeit und das Gefühl, dass einen niemand versteht und dass es niemand so schwer hat wie man selbst, verstärkt.

> (Selbst-) Kritik

„Ich bin ja so doof! So etwas kann nur einem Trottel wie mir passieren! Kann ich denn nicht ein Mal besser aufpassen? Ich bin wirklich so dumm, das hält ja kein Mensch aus. Mein Vater hatte schon recht, als er damals meinte, aus mir wird sowieso nichts Gescheites. Ich bin wirklich ein Versager. Und was noch für einer! Kein Wunder, dass niemand mit mir zu tun haben will. Ich bin so ein Abschaum. So peinlich. So dumm. Sicher halten mich alle für einen Vollidioten. Recht haben sie. Ich bin ja auch einer. Sieht man ja jetzt! Wie konnte ich das nur falsch machen. Ich mache nie was richtig. Jetzt ist alles aus. Aber das geschieht mir wirklich recht. Ich hätte eben besser aufpassen müssen. Nun verdiene ich echt eine harte Strafe. Am liebsten würde ich mich schlagen, verletzen oder sonstwie bestrafen. So Idioten

wie ich sollten gar nicht erst leben. Es wäre für die ganze Menschheit besser, wenn es mich nicht gäbe. So ein Mist ehrlich. Ich bin so ein Idiot. Ich fasse meine eigene Dummheit und Ungeschicklichkeit selbst nicht. Am liebsten würde ich im Boden versinken oder sterben. Ich schäme mich so."

Kommt ihnen dieser Monolog bekannt vor? Gehen Sie auch nach einem Fehler oder Missgeschick so hart mit sich um? Vielleicht leiern Sie ja nicht gleich jedes Mal diese ganze Litanei herunter, aber einige Sätze davon denken Sie schon über sich?

Selbstkritik ist in unserer Gesellschaft nicht nur üblich, sondern auch erwünscht. Wir sollen uns ständig selbst hinterfragen. Das Wichtigste im Leben ist, was wir leisten. Darum treiben wir uns den ganzen Tag unbarmherzig zu Höchstleistungen an. Und wenn wir diese oft unrealistischen Ziele nicht erfüllen können, werten wir uns innerlich ab.

Bei manchen Menschen geht das wirklich so weit, dass sie sich zur Strafe für einen Fehler selbst verletzen. Sie schneiden sich, sie schlagen sich den Kopf an die Wand, verpassen sich selbst eine Ohrfeige oder treten mit dem Fuss an einen

Gegenstand. Das geschieht oft aus einem Reflex heraus, vielleicht weil wir früher von unseren Eltern für Fehler auch so bestraft wurden.

Manche schämen sich für Fehler auch so, dass sie am liebsten verschwinden oder sich umbringen möchten. Dies wäre wohl die höchste Form der Selbstbestrafung, wenn man sich zum Tode verurteilt.

Manche verweigern sich zur Strafe Essen oder Trinken. Dies ist für einen Moment kein Problem, wohl aber, wenn dies über lange Zeit praktiziert wird und so in eine Essstörung übergeht.

Es gibt jedoch auch eine harmlosere Variante der Selbstbestrafung, welche nicht körperlich, sondern verbal ausgedrückt wird. Und dies ist die innere Selbstkritik und Selbstabwertung.

Dies kennt fast jeder. Wenn man einem etwas Ungeschicktes passiert oder wir einen Fehler machen, benennen wir uns selbst schnell als „Ich Idiot". Manchmal machen wir das sogar vor anderen, um ihnen die Kritik vorweg zu nehmen.

Ist das nun schlimm?

Zwischen einem kurzen, vielleicht sogar

humorvollen „Ich Depp" und der langen abwertenden Rede zu Beginn des Kapitels gibt es noch einen grossen Unterschied.

Auch die Ursache für die Selbstkritik spielt eine Rolle. Wenn jemand trödelt und deswegen den Zug verpasst, ist ein „Ich Depp, warum bin ich nur nicht früher losgegangen" nachvollziehbar und wohl auch nicht schlimm. Es kann sogar helfen, wenn man sich vornimmt, nächstes Mal pünktlich zu sein.

Wenn jedoch der Bus Verspätung hat, und man deswegen den Zug verpasst, und sich anschliessend zehn Minuten innerlich auf das Übelste beschimpft, obwohl man für die Verspätung nichts dafür kann, und sich womöglich noch mit Schlägen selbst bestraft, ist das unverhältnismässig. Zudem schadet dies dem Selbstbewusstsein sehr.

Wir können uns leicht vorstellen, dass Kinder, welche ständig von ihren Eltern und Lehrern beschimpft und abgewertet werden, kein gutes Selbstbewusstsein ausbilden können. Genauso leidet eine Frau enorm, wenn sie von ihrem Mann nur Abwertung, Kritik und herablassende Beleidigungen erfährt. Auch das

Selbstbewusstsein eines Arbeitnehmers, welcher ständig vom Chef herumkommandiert und kritisiert wird, wird immer weniger.

Genauso leidet unser Selbstbewusstsein, wenn wir uns ständig für jeden kleinen Fehler innerlich beschimpfen und abwerten. Wir machen uns damit innerlich zum eigenen Feind.

In der Psychotherapie wird viel mit dem sogenannten inneren Kritiker gearbeitet. Es zeigt, dass dies offensichtlich ein wichtiges Thema für die psychische Gesundheit ist. Es geht dabei darum, dass wir die innere kritische Stimme, mit welcher wir uns antreiben, abwerten, beschimpfen und bestrafen, als „inneren Kritiker" bezeichnen. Hierzu gibt es verschiedene Strategien, mit welchen wir diese Selbstkritik reduzieren und abschwächen können. Dazu gibt es sehr viel Literatur, so dass ich nicht näher darauf eingehen möchte. Doch es zeigt, wie wichtig es ist, diesen selbstkritischen Anteil wahrzunehmen und uns davor zu beschützen. Selbstkritik bewirkt, dass wir uns schlecht und unzulänglich fühlen. Wenn wir uns statt unserer Fehler jedoch unsere Leistungen hervorheben, steigt unser Selbstwertgefühl.

Neben der Selbstkritik machen wir uns auch oft vor, dass wir etwas gar nicht erst versuchen müssen, weil wir sowieso scheitern werden. Dies ist nicht sehr ermutigend und vergrössert unsere Angst nur noch.

Statt uns zu kritisieren und zu entmutigen, wäre uns viel mehr geholfen, wenn wir mit uns selbst liebevoller umgehen würden: wohlwollend und wertschätzend.

Wie macht man das?

Indem wir mit uns umgehen, wie wir uns einem Kind gegenüber, das wir mögen, verhalten würden. Wenn dieses Kind Angst hätte, würden wir es ermutigen „Das schaffst du schon!" Und wenn ein Kind einen Fehler macht, würden wir es trösten und ihm erklären, dass es nächstes Mal sicherlich besser klappt.

Wir können uns auch vorstellen, was wir unserer besten Freundin, unseren Kindern, oder unserem Lebenspartner in dieser Situation raten würden. Wahrscheinlich würden wir ihn nicht beschimpfen und beschuldigen, sondern wir würden uns überlegen, was ihm helfen könnte. Genau so sollten wir mit uns selbst umgehen:

Nicht die Fehler suchen und bemängeln, sondern uns ermutigen und loben.

Mit Kindern haben wir diesbezüglich auch viel mehr <u>Geduld</u>. Wenn etwas nicht gleich klappt, dann eben beim nächsten Mal. Es wäre schön, wenn wir auch uns gegenüber mehr Geduld aufbringen würden. Dann könnten wir unseren eigenen Fehlern gelassener gegenüber stehen.

Wie man aus einer Krise einen Wendepunkt zum Besseren gestalten kann

Wohlwollen, Wertschätzung

Im Kapitel „Urteil, Werten" ging es vor allem um das Verurteilen und Werten der Handlungen von anderen Menschen.

Doch in diesem zweiten Teil des Buches geht es vor allem um einen selbst. Warum? Das ist ganz einfach. Wir können die anderen Menschen um uns herum selten wirklich beeinflussen oder kontrollieren. Die Gedanken eines jeden sind frei, und jeder kann selbst entscheiden, ob er mit jemandem zusammen sein möchte, ob er jemanden mag, ob er derselben Meinung ist und ob er mit einem befreundet sein möchte oder eben nicht (mehr).

Natürlich können wir entsprechend mit den anderen umgehen. Im ersten Kapitel ging es häufig darum, wie unser Verhalten auf andere wirkt und ob dies einer Beziehung dient oder schadet. Wenn wir freundlich, aufgeschlossen und hilfsbereit sind, werden wir immer Menschen finden, die dies auch zu schätzen wissen. Aber genauso wird es auch welche geben, die das entweder ausnutzen oder einfach doof finden.

Aber es gibt jemanden, dem wir Gutes tun können, mit dem wir meistens einer Meinung sind und für den wir voll verantwortlich sind. Und das sind wir selbst.

Im vorigen Kapitel „Kritik an uns selbst" habe ich dargelegt, wie viel schlechter es uns gehen kann, wenn wir uns für jeden Fehler und jedes Missgeschick abwerten, beschimpfen und womöglich bestrafen.

In diesem Kapitel möchte ich nun zeigen, wie viel besser es uns gehen kann, wenn wir uns wohlwollend und respektvoll behandeln.

Was tun wir, wenn es uns schlecht geht? Wie behandeln wir uns selbst? Verurteilen wir uns dafür- oder geben wir uns die nötige Fürsorge, den Trost, das Mitgefühl und die Pflege, die wir dann brauchen?

Nehmen wir an, es ist Herbst. Draussen ist es den ganzen Tag neblig und grau. Wir sind momentan zuhause, weil wir arbeitslos, krank geschrieben oder berentet sind. Es geht uns schlecht. Wir fühlen uns minderwertig und nutzlos und wir wissen nicht, wie wir den Tag füllen sollen. Was tun wir dann?

Wir könnten uns den Tag mit irgendetwas vertreiben. Wir könnten fernsehen, oder am PC gamen. Damit vergehen die Stunden. Wahrscheinlich werden wir abends enttäuscht sein, dass wir den Tag verplempert haben, aber zumindest haben wir wieder einen Tag überlebt. Die innere Leere betäuben wir vielleicht mit Alkohol. Damit es uns zuhause nicht zu einsam wird, verbringen wir viel Zeit mit chatten oder Internetforen.

Abends stellen wir fest, dass wir unsere Zeit vergeudet haben. Wir verurteilen und beschimpfen uns vielleicht dafür und wir überlegen, dass unser ganzes Leben so sinnlos ist. Wir fühlen uns nicht gebraucht und wertlos.

Wir könnten auch anders mit uns umgehen. Wenn wir feststellen, dass es draussen grau und neblig ist, könnten wir es uns in der Wohnung mit Kerzen und Tageslichtlampe behaglich machen. Statt die Zeit mit Spielen und Fernsehen zu vergeuden, könnten wir etwas Produktives leisten. Dabei ist es egal, ob es sich dabei um die Gestaltung eines Fotobuches, eine Handarbeit, ein gemaltes Bild, den Fensterputz, das Erlernen eines Instrumentes oder das Hüten des Enkels handelt: Man sieht hinterher, dass man die Zeit gut genutzt und etwas Sinnvolles geleistet hat. Dies bewirkt Zufriedenheit und Selbstbewusstsein.

Anders verhält es sich, wenn wir tatsächlich krank sind und deswegen nichts leisten können. Hier bringt es wenig, sich dafür zu verurteilen und wertlos zu fühlen. Man sollte stattdessen den Arzt aufsuchen, die verschriebenen Medikamente einnehmen, sich ausruhen und pflegen, damit es einem rasch wieder besser geht.

Ist man chronisch krank, ist es am besten, wenn man dies akzeptiert und das Beste daraus macht. Ich habe eine Freundin, welche an das Bett gebunden ist. Sie hat sehr viele Kontakte auf der ganzen Welt und für jeden ein offenes Ohr. Wenn man sie besucht, strahlt sie so sehr, dass man hinterher selbst glücklich und befreit nach Hause geht. Niemand würde auf die Idee kommen, und ihr Leben als sinnlos bezeichnen!

Wichtig ist, dass man heraus findet, ob man gerade etwas an der Situation ändern kann oder nicht. Wenn man gerade eine Grippe hat, lässt sich dies nicht ändern. Dann sollte man dies akzeptieren, und sich liebevoll pflegen und verwöhnen, bis es einem wieder besser geht. Ist man jedoch gerade down, weil man zuhause hockt und einem die Decke auf den Kopf fällt, kann man dies ändern, indem man sich warm anzieht und an die frische Luft geht. Fühlt man sich einsam, sollte man sich ein Hobby suchen, bei dem man mit anderen zusammen ist, oder einfach mal jemanden zum Kaffee einladen.

Man sollte sich einfach überlegen, was man einer guten Freundin, seinem Kind oder seinem Partner in der gleichen Situation raten würde. Man sollte sich selbst behandeln, als ob man sein bester Freund oder sein Kind wäre. Dies schliesst aus, sich für alles abzuwerten und zu verurteilen. Stattdessen wird man Mitgefühl für sich selbst empfinden und dadurch die Möglichkeit entdecken, gut für sich selbst zu sorgen.

Es gibt zum Thema Selbstliebe und Selbstmitgefühl sehr viel weiterführende Literatur. Vor allem die Bücher von Kristin Neff,

Robert Betz, Andreas Knuf und Rolf Merkle kann ich wirklich empfehlen.

Eigenverantwortung

Nur zu gerne schieben wir Menschen die Verantwortung für alles, was nicht gut läuft, anderen zu.

Da ist der Erwachsene, der seinen Job nicht wechseln will, weil er glaubt, dass seine Eltern das nicht wollen. Da ist die Frau, welche als Kind missbraucht wurde, und die deswegen heute weder Job noch Wohnung hat, und dafür die Täter von damals verantwortlich macht. Da ist die Tochter, die mit 16 von zuhause ausriss, schwanger wurde, und noch heute die Mutter dafür verantwortlich macht, dass aus ihrem Leben nichts wurde. Da ist der Sohn, der die Firma seines Vaters übernommen hat, der mit seinem Beruf unglücklich ist, sich aber nicht getraut, dies seinem Vater mitzuteilen, weil er glaubt, er würde dann enterbt und gehasst. Da ist die Ehefrau, die jahrzehntelang die Unterseite des Brötchens isst, weil sie glaubt, ihr Mann möchte immer die Oberseite, bis sie sich wünscht, an ihrem Geburtstag nur einmal die Oberseite essen zu dürfen, und dann feststellt, dass ihr Mann auch viel lieber die untere Seite mag, aber dachte, sie würde lieber die untere Seite essen.

Dies sind nur Beispiele. Aber wenn wir mit etwas im Leben unzufrieden sind, suchen wir oft dafür die Schuld bei anderen. Oder wenn wir Angst haben, etwas zu verändern, schieben wir andere vor.

Ich denke da an ein Ehepaar, bei dem die Frau ständig davon redet, wie schwierig ihre Ehe sei, und dass sie nur wegen den Kindern noch mit ihrem Mann zusammen ist. Sie schiebt damit die Schuld dem Ehemann und den Kindern zu. Dabei wäre sie diejenige, die eine Entscheidung treffen sollte: Möchte ich noch bei dem Mann bleiben und seine Fehler in Kauf nehmen? Oder möchte ich mich trennen und dann tue ich es auch, egal welche Konsequenzen es bringt.

Ich denke auch an psychisch Kranke, welche an nichts anderes denken, als an ihre schlechte Kindheit. Sie schieben die Verantwortung für ihr ganzes Leben den Eltern und den schlechten Kindheitserfahrungen zu und verpassen es, ihr gegenwärtiges Leben selbst in die Hand zu nehmen.

Viele Ehepaare sind nach einigen Jahren unzufrieden, weil die Liebe keine Schmetterlinge mehr verursacht und der Alltag langweilig geworden ist. Man sehnt sich nach einer Veränderung, geht vielleicht mit einem jüngeren Menschen fremd und trennt sich. Dies ist eine Entscheidung, die leider den Nachteil birgt, dass es auch mit einem anderen Partner irgendwann wieder langweilig wird. Man könnte stattdessen jedoch auch die jetzige Partnerschaft anders gestalten, so dass man wieder glücklich miteinander ist. Dabei reichen kleine Liebesbeweise wie ein handgeschriebener Brief, eine Liebes-Karte per Mail oder ein paar liebe Worte am Morgen völlig aus.

Häufig sind Menschen auch mit ihrem Job unzufrieden. Es ist nicht das, was sie gerne hätten. Vielleicht ist der Chef blöd, die Kollegen nicht zum Aushalten, die alltägliche Routine langweilig und die Aussicht, diesen Job bis zur Rente machen zu müssen, öde. Auch hier gibt es zwei Möglichkeiten, wie man die Verantwortung für sein Leben wieder selbst übernimmt, anstatt sich in der Routine treiben zu lassen. Man kann sich einen neuen Job suchen. Meistens bewirken Veränderungen, dass man einiges hinzu lernt, und dass man voller Energie an neue Aufgaben geht. Man kann sich jedoch auch entscheiden, dass der jetzige Job gar nicht so schlecht ist, und dass man dafür für manches verzichtet. Dann bringt es jedoch auch nichts, die ganze Zeit über den blöden Job zu jammern, denn man hat sich ja wieder bewusst dafür entschieden, weil man eben die Vorteile dieses Jobs sieht.

Viele Mütter sind zuhause unglücklich. Sie würden viel lieber arbeiten gehen und Geld verdienen und ihre Intelligenz und Ausbildung dort einsetzen dürfen. Stattdessen bleiben sie zuhause, weil sie glauben, dass sie so besser für ihre Kinder da sein können. Das ist prinzipiell nicht falsch. Vor allem kleine Kinder brauchen die Nähe der Mutter. Aber dies muss nicht zwingend sieben Tage die Woche für 24 Stunden (=168 Stunden) sein. Ich kenne Mütter, die zwei Tage die Woche arbeiten gehen. Damit sind sie 16 Stunden pro Woche von ihrem Kind getrennt. Es bleiben 152 Stunden wöchentlich für das Kind übrig. Ich glaube nicht, dass das einem Baby schadet! Aber der Mutter tut es gut, sich auch mit anderen Dingen zu beschäftigen und den Anschluss an den Beruf nicht ganz zu verlieren.

Natürlich kann man sich auch entscheiden, lieber die ersten Jahre ganz zuhause zu bleiben. Das ist auch in Ordnung! Doch dann sollte man sich nicht darüber beschweren, dass man eigentlich lieber arbeiten würde und nur wegen dem Kind nicht kann...

Es gibt auch Mütter, welche täglich mittags zuhause sein müssen, um zu kochen, Wäsche zu waschen und für die Kinder da zu sein. Erstens gibt es bei den meisten Schulen mittlerweile die Möglichkeit, dass die Kinder dort etwas Gesundes zu essen bekommen. Und zweitens finde ich das ab einem gewissen Alter der Kinder schlicht übertrieben. Natürlich es für Grund- oder Primarschüler toll, wenn sie mittags nach Hause und der Mutter alles erzählen können. Aber für jugendliche oder erwachsene Kinder muss man nicht mehr mittags kochen und sie sollten auch mal die Waschmaschine selbst bedienen können... In den meisten Fällen ist dies einfach eine Ausrede, nicht arbeiten zu müssen. Was auch okay ist, wenn man nicht arbeiten möchte und das Geld auch nicht braucht, aber dann sollte man dazu stehen und nicht den Kindern die Schuld daran geben. Zumal man den Kindern gar keinen Gefallen tut, wenn man ihnen alles im Haushalt abnimmt, denn sie werden so in ihrer Selbstständigkeit behindert. Jugendliche sollten lernen, dass auch solche Aufgaben zum Erwachsenenwerden dazugehören.

Dies hat dann auch etwas mit „Loslassen" zu tun. Denn wenn wir den Kindern zugestehen, dass sie sich über Mittag selbst versorgen, können wir ihnen nicht mehr vorschreiben, was sie zu essen haben. Dann kann es sein, dass sie Döner und Hamburger einer Reis-Gemüse-Pfanne vorziehen werden. Wir können ihnen dann mitteilen, dass das nicht gesund ist und dick macht. Aber letztlich sind sie für sich selbst verantwortlich und wir müssen als Eltern loslassen. Um das Loslassen geht es im nächsten Kapitel.

Nicht festhalten, Loslassen

Die Pubertät ist für Eltern häufig eine schwierige Zeit. Die Kinder möchten plötzlich nicht mehr mit den Eltern gesehen werden, weil dies peinlich ist. Die Zimmertüre ist plötzlich zu, und die Stofftiere werden durch Poster von berühmten Sängern ersetzt. Den neuen Freund der Tochter lernt man nicht mehr kennen, weil sie diesen bei einem Besuch vorstellt, sondern weil er mit ihr gemeinsam auf dem Profilfoto auf Facebook zu sehen ist. Die Musik aus dem „Kinderzimmer" sind nicht mehr harmonische Kinderliederklänge, sondern elektronischer Krach. An der Sprache des Kindes hört man nichts mehr von der guten Erziehung, sondern nur noch „Ey, Alte, gib mal Butter". Und erst die Kleidung...

Tröstlich daran ist, dass es fast allen Eltern so geht und dass das bei uns auch nicht anders war, als wir in der Pubertät waren!

Früher konnten wir als Eltern noch bestimmen, welche Freunde die Kinder mit nach Hause brachten, wann Hausaufgaben gemacht werden und wie viel auf einen Test gelernt wird. Heute müssen wir das den Kindern selbst überlassen. Oftmals wird das mit schlechten Noten quittiert. Aber das gehört nun nicht mehr in unsere Verantwortung!

Komischerweise möchten die Jugendlichen alles plötzlich alleine machen- ausser beim Haushalt. Da darf Mami ruhig weiterhin die Wäsche waschen, das Essen kochen, anschliessend alles wieder sauber machen und einkaufen gehen. Doch auch hier muss man als Mutter loslassen. Es gehört zu den elterlichen Pflichten, dass die

Jugendlichen später alleine leben können. Dazu müssen sie auch eine Wasch- und Spülmaschine benutzen, einen Einkauf tätigen und den Herd bedienen können. Wir als Eltern glauben oft, dass wir die Verantwortung für gesundes Essen, saubere Kleidung, gute Schulnoten und ordentliche Zimmer haben. Doch diese Verantwortung müssen und dürfen die Jugendlichen zunehmen selbst tragen. Dazu müssen die Eltern lernen, los zu lassen. Die Jugendlichen werden ihren Weg schon finden und gehen- und sie wissen, dass sie jederzeit zu uns kommen können, wenn etwas schiefgeht. Sie können sich auf uns verlassen. Und wir sollten uns auf sie verlassen und ihnen vertrauen!

Loslassen betrifft jedoch nicht nur die Eltern. Die Jugendlichen müssen lernen, Verantwortung zu übernehmen. Und das können sie nicht, wenn wir ihnen immer noch alles abnehmen. Und die Kinder müssen die Vorstellungen und Erwartungen ihrer Eltern loslassen, wenn sie ein selbstbestimmtes Leben führen möchten und wenn sie ihre eigenen Werte verfolgen wollen.

Loslassen betrifft zudem alles, was wir nicht beeinflussen können oder wollen.

Wir können die Vergangenheit nicht ändern. Was passiert ist, lässt sich nicht ungeschehen machen. Wenn wir einen Verlust oder Mangel erleiden mussten, wird nichts in der Welt dies wieder gut machen können. Wenn wir Opfer von körperlicher, sexueller oder verbaler Gewalt wurden, wird nichts diese Tat(en) ungeschehen machen. Selbst wenn wir die Täter anklagen können und sie mit Freiheitsstrafe verurteilt werden, haben wir trotzdem diese Tat erlebt und leiden vielleicht heute noch unter manchen Folgeerscheinungen. Wenn unsere Eltern sich nicht genügend um uns gekümmert und sich nicht wirklich für unsere Bedürfnisse interessiert haben, dann ist das so. Wir können uns heute darüber beschweren, die Eltern dafür verurteilen und mit Distanz bestrafen, wir können uns selbst dafür schuldig fühlen und wir können es als Entschuldigung nehmen, heute handlungsunfähig zu sein. Aber auch dies ändert die Vergangenheit nicht.

Warum sollten wir uns also die ganze Zeit damit beschäftigen, was in der Vergangenheit falsch gelaufen ist?

Es gibt viele Therapieformen für traumatisierte

Patienten, in denen die Patienten immer wieder mit der Vergangenheit konfrontiert werden und so geheilt werden sollen. Genauso gibt es die Meinung, dass vergangene Geschehnisse damit immer tiefer in das Gehirn eingebrannt werden und es dem Menschen somit unmöglich gemacht wird, es zu vergessen und abzuhaken.

Ich bin kein Mediziner, und weiss daher nicht, welcher Weg der Richtige ist. Oft hilft es Menschen, wenn sie über schreckliche Ereignisse in der Vergangenheit reden können. Opfer sexueller Gewalt fällt es schwer, über die Übergriffe zu reden, weil sie sich dafür schämen. Ihnen hilft es, wenn sie endlich den Mut aufbringen, darüber zu sprechen, und dann merken, wie viel Mitgefühl ihnen entgegengebracht wird. Auch für psychisch Kranke bedeutet es Erleichterung, wenn sie über ihre Probleme reden können. Zudem ist es gut zu wissen, inwiefern vergangene Ereignisse uns geprägt haben. So können wir ein Verständnis dafür entwickeln, warum wir manchmal so reagieren. Arbeitslose ziehen sich häufig aus Scham zurück, und bemerken so nicht, dass andere sie verstehen und trotzdem gut leiden können. Es ist also gut, sich die Vergangenheit einmal anzuschauen, damit man sich selbst besser kennen lernt. Nur dann kann man sich überlegen, ob die Reaktionen heute als Erwachsener noch angemessen und nötig sind.

Viele Menschen kreisen jedoch ständig um ihre Vergangenheit. Sie fühlen sich nicht lebensfähig, weil ihnen früher Schlimmes passiert ist. Sie vertrauen keinem Menschen mehr, weil sie einmal (oder mehrmals) von jemandem enttäuscht wurden. Sie verharren in ihrem Groll und dem Hass ihren Eltern gegenüber, und bemerken gar nicht, wie verbittert sie dadurch sind. Sie trauen sich nichts zu, weil sie einmal einen Fehler gemacht haben. Sie glauben nicht daran, dass das Leben gut werden kann, weil sie einmal etwas Schlimmes erlebt haben. Sie fühlen sich nicht imstande, etwas anzupacken, weil sie in der Vergangenheit etwas erlebt haben, dem sie hilflos ausgeliefert waren, und dieses Gefühl der Ohnmacht sich so tief eingebrannt hat.

Das ist alles verständlich. Aber hilft es uns wirklich?

Ich glaube, dass das Leben einfacher ist, wenn man vergangene Ereignisse akzeptiert, sie versteht, aber sie nicht krampfhaft festhält. Ja, es gibt Menschen, die an einer Posttraumatischen Belastungsstörung leiden und ständig von Flashbacks und Albträumen überflutet werden, und die deswegen die Vergangenheit nicht einfach loslassen können. Doch nicht alle meiner LeserInnen werden darunter leiden. Zudem gibt es genügend Menschen, die wirklich Schlimmes erlebt haben, und denen es trotzdem möglich war, ihr Leben nach einiger Zeit wieder in die Hand zu nehmen. Und wie haben sie das geschafft?

Es gibt Eltern, die ihr kleines Kind bei einem Autounfall verloren haben. Man könnte meinen, dass ihr Leben lang unter diesem Verlust leiden. Wahrscheinlich fehlt ihnen ihr Kind auch oft. Trotzdem sind sie heute in der Lage zu arbeiten, ihre Freizeit gemeinsam zu geniessen, Freundschaften zu pflegen und mit anderen zu lachen. Wie geht das? Der Vater erklärte mir einmal, dass ihm seine Tochter vor allem an Feiertagen sehr fehlt und er dann auch traurig ist. Er gab auch zu, dass die Anfangszeit hart war, aber dass das Leben weitergehen musste, schon wegen den anderen Kindern. Aber er hatte zum einen den Glauben, dass er seine Tochter im Himmel wieder sehen wird. Er vertraute darauf, dass er auch diese schwere Situation meistern wird. Und er wusste, dass seine Tochter nun einmal tot ist und dass es deswegen nichts bringt, ständig nur daran zu denken. Dann wäre er wahnsinnig geworden. Er hat es akzeptiert und versuchte, zunehmend die schönen Seiten im Leben wieder zu geniessen.

Es gab auch einen jüdischen Psychiater, der das KZ überlebte. Er schrieb, dass man sich selbst in dieser ausweglosen Situation so oder so einstellen konnte. Die meisten waren im KZ verzweifelt, sahen keinen Ausweg, waren verbittert. Einige nahmen sich sogar das Leben, weil sie es nicht aushielten. Es gab aber auch dort Menschen, die anderen im KZ geholfen haben, die sich um Kranke und Kinder gekümmert haben, die versucht haben, es sich im KZ so angenehm wie möglich zu machen und die immer daran dachten, dass sie bald das KZ verlassen könnten. Diese Menschen haben in der Freiheit das Kapitel KZ schnell verschlossen und nach vorne geblickt und versucht, sich ein neues Leben aufzubauen.

Es gibt Menschen, die als Kind sexuelle Gewalt erlebt haben, und das bis heute nicht verarbeiten können. Sie leiden darunter, hassen ihren Körper, verletzten sich selbst, nehmen Drogen, können keiner Arbeit nachgehen und fühlen sich bis heute dem Leben hilflos ausgesetzt. Und es gibt Menschen, die als Kind sexuelle Gewalt erlebt haben, die dies verarbeitet und akzeptiert haben und heute ein ganz normales Leben führen, arbeiten, eine Familie und Partnerschaft haben und ihr Leben selbstbestimmt in die Hand genommen haben. Nicht immer kann man also der Vergangenheit die Schuld am jetzigen Leben geben!

Wenn wir uns krampfhaft an der Vergangenheit festhalten, geben wir dieser die Macht, uns auch in der Gegenwart einzuschränken und zu verhindern, dass wir heute das aus unserem Leben machen, was wir uns wünschen! Damit geben wir auch unseren Eltern oder unseren Tätern die Macht, unser Leben ruiniert zu haben. Als Kind oder als Opfer von Gewalt hatten wir keine Wahl und waren tatsächlich ohnmächtig der Situation und dem Täter ausgesetzt. Aber heute können wir uns wehren. Und das beginnt zu allererst damit, dass wir der Vergangenheit nicht mehr die Macht über die Gegenwart und die Zukunft geben, sondern sie loslassen.

Ein Synonym für loslassen ist der Begriff „frei lassen". Dies ist eine sehr schöne Beschreibung. Wenn wir die vergangenen Erlebnisse, Mängel und Gewalttaten nicht mehr festhalten, sondern sie frei lassen, werden wir auch innerlich frei! Frei dafür, unser Leben jetzt so zu gestalten, dass es uns gut geht.

In diesem Zusammenhang müssen wir aber auch die Täter „frei lassen". Es gibt eine grosse Diskussion darüber, ob man Tätern vergeben soll oder nicht. Manchmal erscheint es fast unmöglich, dem Mörder meines Kindes, dem Täter nach einem sexuellen Missbrauch, den Eltern die Schläge und Abwertungen oder dem Partner den Seitensprung zu vergeben. Dies sollte auch auf keinen Fall erzwungen werden! Es ist wichtig, dass der Betroffene seine Wut darüber empfinden und auch ausdrücken kann, sonst blockiert dies seine Heilung! Zudem sollte Vergeben nicht bedeuten, dass man damit die Tat schön oder klein redet oder sich selbst die Schuld gibt. Vergebung braucht zudem Zeit. Zuerst muss man die Erfahrungen verarbeiten und für sich selbst annehmen können, bevor man über Vergebung nachdenkt. Trotzdem glaube ich, dass man irgendwann den Groll und den Hass auf die

Täter loslassen sollte. Wenn man diesen Groll ständig festhält, wird man verbittert. Es ist besser, diesen Groll los zu lassen und dann frei zu werden.

Man kann die Vergangenheit nicht ändern. Deswegen bringt es auch nichts, ständig darüber nachzudenken, den Groll aufrecht zu erhalten, die Verantwortung für sein Leben vergangenen Personen zuzuschieben und ständig das, was man nicht hatte oder was man erleben musste, zu betrauern.

Aber man kann seine Gegenwart so gestalten, dass man gerne lebt und sich auf die Zukunft freuen kann! Und dies liegt in der eigenen Verantwortung.

Ebenso lohnt es sich, alte Gewohnheit loszulassen und neue Wege einzuschlagen. Vielleicht entscheidet sich nun jemand, künftig weniger oder keinen Alkohol mehr zu trinken oder nicht mehr zu rauchen, und so besser für seine Gesundheit zu sorgen und die Sucht loszulassen. Mancher Patient mit Essstörungen muss vielleicht mehrere Anläufe nehmen, bis er die Gewohnheit, sich nach dem Essen zu übergeben, loslassen kann. Jemand, der sich selbst verletzt, muss dem

Verlangen widerstehen, sich bei Anspannung zu verletzen und so den Druck abzubauen. Dazu gehört, dass man sich zuerst entscheidet, diese Sucht ablegen zu wollen!

Auch negative Gedankenmuster, unbewusste Ängste, ständige Grübeleien, Wut und Selbstkritik sind Gewohnheiten, mit denen wir spontan auf äussere Ereignisse reagieren. Der erste Schritt ist auch hier, dass wir diese Gewohnheit loslassen wollen. Dann können wir schauen, wie wir das schaffen. Dabei können wir auch professionelle Hilfe in Anspruch nehmen! Doch zuerst steht immer der Wunsch, diese Gewohnheit loslassen zu wollen!

Lassen wir das Alte- egal ob Gewohnheiten oder Erlebnisse- los, werden wir frei für Neues!

Do it und Dankbarkeit

In diesem Kapitel gibt es gleich zwei Dinge, die zu diesem Buchstaben passen und die gleichzeitig eine Alternative zum Lamentieren darstellen.

Im Kapitel Lamentieren habe ich gezeigt, welche Wirkung das Lamentieren vor allem auf andere

Menschen, aber auch auf uns selbst hat. Dies kann so weit gehen, dass wir uns nichts mehr zutrauen, weil wir von dem überzeugt sind, dass alles schlecht läuft. Dann möchten wir uns verkriechen und am liebsten gar nichts mehr machen.

Wir jammern ja nicht, wenn wir mit unserem Leben zufrieden sind!

Es gibt aber mehrere Möglichkeiten, mit einer Unzufriedenheit umzugehen:

1. Wir können uns ausführlich bemitleiden, uns ständig unsere Fehlentscheidungen vor die Augen führen und überall, wo wir hinkommen, über unser Leid klagen. Wie das geht, können Sie in Kapitel „Lamentieren" nachlesen. Das ist eine Garantie, uns und unsere Umgebung garantiert unglücklich zu machen.

2. Wir können das, was uns nicht zufrieden stellt, ändern. Meistens stehen wir uns für Veränderungen selbst im Weg, weil wir glauben, wir dürften aus irgendeinem Grund nichts ändern oder wir meinen, das sei nicht angemessen für unser Alter oder unsere Ausbildung. Ein bekannter Sporthersteller hat

den Slogan: „Just do it!" Wenn wir eine Idee haben, wie wir unser Leben verbessern könnten, sollten wir dieser Idee unbedingt nachgehen und uns nicht selbst blockieren.

3. Natürlich können wir nicht alles in unserem Leben verändern. Allerdings ist ein sehr viel kleinerer Teil nicht veränderbar als wir annehmen! Aber manchmal haben wir Krankheiten, die wir einfach akzeptieren und mit denen wir klarkommen müssen. Hin und wieder sind wir auch von Entscheidungen anderer abhängig und können nicht so viel verändern, wie wir gerne würden. Auch den Partner, die Eltern und die Kinder können wir nicht nach unseren Wünschen modellieren. Ein Pfarrer sagte einmal den Satz „Herr, schenke mir den Mut, Dinge zu ändern, die ich ändern kann. Hilf mir, Dinge zu akzeptieren, die ich nicht ändern kann. Und gib mir die Weisheit, das eine vom anderen zu unterscheiden." Wenn wir etwas wirklich nicht verändern können, hilft es, den Fokus von dem Problem und den Sorgen hin zu dem zu richten, was positiv ist, und dafür dankbar zu sein.

Natürlich gibt es Dinge, für die wir unmöglich dankbar sein können. Selbstverständlich freuen wir uns nicht über den Verlust eines lieben Menschen oder über eine Kündigung. Es geht nicht darum, schlechte Dinge positiv zu reden! Man darf auch solche Dinge betrauern. Aber dann hilft es, wenn man den Blick wieder auf das richten kann, was man noch hat, und dafür dankbar ist. Viele Männer haben den Tod ihrer Ehefrau nur deswegen überlebt, weil die gemeinsamen Kinder sie brauchten. Natürlich ist das zuerst ein Pflichtgefühl. Aber später sind sie in der Lage, für ihre gemeinsamen Kinder dankbar zu sein. Dann geht es ihnen auch wieder ein bisschen besser. Die Mutter und Ehefrau fehlt natürlich weiterhin, aber es geht einem ein wenig besser, wenn man wieder für ein paar Sonnenstrahlen, das Lächeln der Kinder und die Zuwendung von anderen dankbar sein kann.

Auch wenn man einen Job verliert, ist man in den seltensten Fällen dafür dankbar. Aber anstatt sich permanent darüber zu grämen, könnte man sich auch überlegen, was einem noch bleibt: Der Lebenspartner, die Sozialversicherung (das gibt es in vielen Ländern nicht, da verhungern die Menschen, wenn sie keine Arbeit haben!), die Familie, die Freunde und die Möglichkeit, sich etwas neues und vielleicht besseres zu suchen.

Es ist auch einfacher, mit Menschen auszukommen, wenn man an ihnen das sieht, was positiv ist. Wenn man ständig nur die negativen Seiten des Partners wahrnimmt, wird das Zusammenleben schwierig. Eltern, welche ihre Kinder nur als Last und Problem sehen, werden nie richtig glücklich mit ihnen sein. Als Arbeitnehmer ist es ebenfalls angenehmer, wenn man mit den Kollegen und dem Chef gut auskommt, und nicht immer nur die schlechten Eigenschaften sieht und womöglich darüber lästert. Natürlich gibt es Dinge, welche man nicht akzeptieren muss: Sexuelle Übergriffe, Mobbing, körperliche Gewalt. Dagegen muss man sich wehren. Doch meistens geht es in ehelichen Unstimmigkeiten eher um die offene Zahnpastatube, dreckiger Wäsche auf dem Fussboden statt im Wäschekübel, Staub auf den Möbeln oder der Frage, wer mehr für die Familie leistet. Eltern beschweren sich meistens über die schlechten Schulnoten, die anstrengenden Hobbys, die falschen Freunde oder die aufreizende Kleidung ihrer Kinder, anstatt stolz zu sein auf das, was sie richtig gut können und sich mit ihnen über Freundschaften und Hobbys zu freuen.

Es hilft, wenn die Gedanken nicht ständig um das kreisen, was man nicht hat, sondern wenn man sie bewusst darauf lenkt, was man hat!

Vielleicht merkt man dabei, dass die Gedanken immer wieder zu dem Mangel und dem Schmerz zurückkehren. Dafür sollte man sich nicht abwerten, sondern ganz behutsam die Gedanken wieder auf die guten und schönen Dinge im Leben lenken. Das muss nichts Grosses sein! Schon der Sonnenschein nach ein paar verregneten Tagen, eine leuchtende Blume am Wegesrand, das Singen eines Vogels im Baum, das Lachen eines Kindes, eine liebevolle Umarmung oder ein nettes Wort können solche Dinge sein, welche die Stimmung heben! Vorausgesetzt natürlich, man möchte sie auch sehen und wertschätzen und nicht in seiner Jammerhöhle stecken bleiben!

Nun möchte ich noch etwas zu dem Punkt „Do it!" sagen. Wie bereits erwähnt, sind wir oft unzufrieden in unserem Leben. Häufig sehen wir gar nicht, dass wir daran durchaus etwas ändern könnten, wenn wir nur wollen würden. Viele Erwachsene getrauen sich nicht, ihren Job zu wechseln, obwohl er ihnen keinen Spass macht. Sie glauben, dass es woanders nicht besser sein wird (aber wie können sie das wissen, wenn sie es nicht versuchen?). Vielleicht haben sie auch Angst, weil sie das Einkommen für die ganze Familie verdienen (aber bei einer anderen Stelle würden sie ja auch Lohn bekommen). Manchmal meinen sie auch, dass die Eltern erwarten, dass sie bei diesem Job bleiben (dabei ist es möglich, dass es den Eltern völlig egal ist, wo ihr Kind arbeitet! Zudem ist man für sein Leben selbst verantwortlich und kann nicht für alles die Schuld den Eltern in die Schuhe schieben).

Ich kenne viele Menschen, die unzufrieden sind, aber so viele Blockaden in sich tragen, dass es ihnen unmöglich erscheint, etwas daran zu verändern. Natürlich gibt es auch solche, die sich anscheinend ganz wohl damit fühlen, ständig über ihr Leid zu klagen, und die auch nach einer Veränderung unzufrieden wären, weil sie einfach immer an allem etwas auszusetzen haben und sich in ihrer Rolle als „Opfer" gut gefallen. Aber solche Menschen lesen garantiert nicht dieses

Buch, und darum möchte ich darauf auch nicht weiter eingehen.

Aber ich würde gerne zeigen, wie man solchen inneren Blockaden begegnen kann, damit man frei wird für ein besseres Leben.

Da ist zunächst der Glaubenssatz: „Es wird sowieso nicht besser!" Wir sind alle keine Hellseher oder Propheten und können daher gar nicht wissen, ob es nicht doch besser wäre, wenn wir etwas ändern würden. Das finden wir nur heraus, wenn wir es versuchen.

Natürlich steckt dahinter die Angst, dass wir eine falsche Entscheidung treffen könnten und unser Leben danach noch schlechter wäre als jetzt. Ein weiterer Glaubenssatz wäre also: „Wenn es die falsche Entscheidung ist, ist mein Leben (und das meiner Familie) ruiniert". Entscheidungen können immer richtig oder falsch sein. Wir Menschen tendieren dazu, alles sorgfältig abzuwägen und lieber alles beim Alten zu lassen, anstatt ein Risiko einzugehen. Aber auch wenn wir uns entscheiden, nichts zu verändern, ist dies eine Entscheidung! Wir entscheiden uns, dass wir nichts ändern- und daher dann zufrieden sind mit dem, was wir jetzt haben! Denn wenn wir nicht damit zufrieden wären, müssten wir etwas ändern... In unserer westlichen Welt ist das Risiko, dass wir unser Leben mit einem Job- oder Ortswechsel oder einer Trennung ruinieren, zumindest aus finanzieller Sicht recht gering. Wir sollten daher nicht davon ausgehen, dass eine Entscheidung wirklich unser Leben gefährdet!

Es gibt dazu einen Spruch: „Wenn du stehen bleibst, kannst du keine Fehler machen. Aber wenn du stehen bleibst, ist das ein Fehler." Dies bedeutet, dass es uns oft als das Beste erscheint, wenn wir alles lassen, wie es ist. Doch dabei sind wir uns nicht bewusst, dass auch dies eine Entscheidung ist. Meistens bereuen wir am Ende unseres Lebens auch nicht, was wir verändert haben, sondern, was wir alles nicht versucht haben... „Hätte ich doch noch..." ist leider der häufigste Gedanke von Sterbenden, welche bedauern, dass sie manches nicht wenigstens versucht und so vieles nicht getan haben, was sie gerne noch gemacht hätten.

Wenn wir uns nun für eine Veränderung entschieden haben, kommen Sorgen und Ängste: War diese Entscheidung richtig? Schaffe ich das überhaupt? Wird meine Familie darunter leiden?

Werde ich glücklich sein? Oder werde ich es bereuen?

Meistens können wir die Entscheidung nicht mehr rückgängig machen. Daher bringen diese Sorgen und Ängste wenig. Sie schaffen es nur, dass wir voller Selbstzweifel und Angst sind. Im Normalfall treffen wir wichtige Entscheidungen nicht spontan, sondern überlegen ganz genau, ob das eine gute oder schlechte Entscheidung war. Wenn wir uns also aus guten Gründen für etwas entschieden haben, sollten wir auch dazu stehen und es einfach durchziehen: „Just do it!" Es bringt nichts, stunden- oder tagelang darüber nachzudenken, was alles schiefgehen könnte. Stattdessen könnten wir uns möglichst gut darauf vorbereiten. Bei einem Jobwechsel könnten wir die Betreuung der Kinder regeln, den Arbeitsweg herausfinden und Fahrkarten kaufen, eine Putzfrau oder andere Hilfe organisieren, uns über die neuen Aufgaben informieren und Literatur dazu besorgen oder im Internet recherchieren… Das wäre produktiv und hilfreich!

Wenn die Veränderung im Leben beginnt, sollte man nicht mehr zu viel nachdenken. Das raubt viel zu viel Energie. Es lähmt uns, wenn wir uns ständig fragen, ob das Neue nun wirklich besser ist als das Alte. Vielleicht stellen wir dann fest, dass das Alte doch besser war, und bereuen unsere Veränderung. Eventuell können wir zum Alten zurückkehren, aber meistens ist dieser Weg zumindest für den Moment versperrt. Daher sollten wir uns keine Gedanken mehr darüber machen, was nun besser ist. Das Alte ist Vergangenheit. Wir leben jetzt und das bedeutet, dass wir nun das Neue machen und uns auch wirklich darauf einlassen.

Vielleicht überfordert uns das Neue auch am Anfang. Hier hilft es, wenn man nicht zu viel darüber nachdenkt, wie stressig und anstrengend alles ist. Man sollte nie den ganzen Berg sehen, den man nun noch zu lernen hat. Stattdessen sollte man einen Schritt nach dem anderen machen und sich am Ende des Tages überlegen, was einem gelungen ist. Darüber freut man sich und bekommt Vertrauen, am nächsten Tag wieder etwas Neues dazu zu lernen.

Das Mantra „Just do it!" kann einem helfen, von den Grübeleien und Ängsten zur Arbeit zurückzukehren und sich darauf zu konzentrieren.

Urvertrauen

Ein wenig war im letzten Kapitel schon die Rede davon, dass Sorgen und Ängste vor der Zukunft und vor Entscheidungen einen Menschen behindern, etwas in seinem Leben zu verändern. Man glaubt, dass es sowieso nicht besser wird, dass man dem Neuen nicht gewachsen sein wird und dass das Neue eine Katastrophe sein wird. Dabei fehlt einem das Vertrauen in sich, in das Schicksal und daran, dass alles gut werden wird.

Leider fehlt vielen von uns dieses Urvertrauen. Normalerweise lernt das schon ein kleines Kind: Wenn es schreit, dauert es nicht lange, bis die Mutter da ist und den Hunger stillt oder das Kind tröstet. Wenn das Kind hinfällt, wird die Mutter es trösten, ein Pflaster auf die Wunde kleben, so dass der Schmerz nachlässt. Hat das Kind Probleme mit den Freunden oder in der Schule, weiss es, dass die Eltern es unterstützen werden. Das Kind weiss im Normalfall, dass die Eltern es immer lieben, auch wenn es wirklich einmal Mist baut.

Doch leider erleben viele Kinder diesen Normalfall nicht. Sie werden früh alleine gelassen. Wenn sie einen Fehler machen, werden sie mit Liebesentzug bestraft. Eltern werfen ihnen vor, dass sie gar nicht erwünscht waren und dass sie sich für ihr Kind schämen. Bei Problemen mit der Schule oder den Freunden hören die Eltern nicht zu oder beschuldigen sie, selbst daran schuld zu sein und das Problem alleine lösen zu müssen. Ständig bekommen sie zu hören, dass aus ihnen sowieso nie etwas werden wird, dass das Leben immer schlecht ist und dass man sich auf niemanden verlassen kann. Vielleicht werden sie noch geschlagen, misshandelt oder missbraucht. So kann kein Vertrauen in sich, in die Eltern und in das Leben entstehen, sondern es wird abgetötet, bevor es wachsen kann.

Nun gibt es zwei Möglichkeiten: Man kann sich ständig darüber beklagen, dass man aus diversen Gründen kein Vertrauen erlernen konnte und deswegen zu vielem nicht fähig ist. Man kann sich der Angst und den Selbstzweifeln hingeben und so gelähmt sein Leben einfach verstreichen lassen.

Oder- was jedoch viel schwieriger und anstrengender ist- man kann versuchen, das Vertrauen in sich und in das Leben zu erlernen. Denn der Mensch ist so konstruiert, dass er alles auch als Erwachsener noch lernen kann.

Wie bekommt man Vertrauen zu sich? Indem man etwas macht (just do it!) und so bemerkt, dass man Erfolg hat. Dabei sollte man sich für den Anfang Dinge vornehmen, die man auch sehr wahrscheinlich erreichen kann. Unerreichbare Ziele zeigen einem nur, dass man wirklich nichts auf die Reihe bekommt. Doch woher weiss man, was man kann und was nicht? Dazu sollte man sich zuerst überlegen, was man im Leben alles schon erreicht hat! Vielleicht fällt einem zunächst nichts ein. Doch wenn man als Kind misshandelt oder missbraucht wurde, ist es schon eine immense Leistung, wenn man dies überlebt hat! Wenn die eigenen Eltern sich nur ständig stritten oder kalt und herzlos miteinander umgingen, ist es eine Leistung, wenn man selbst in einer liebevollen Partnerschaft lebt. Hatte man als Kind sehr strenge oder desinteressierte Eltern, ist es toll, wenn man zu seinen eigenen Eltern eine herzliche und verständnisvolle Beziehung pflegen kann. Genau dies beweist doch, dass man auch Dinge lernen kann, welche man als Kind nicht lernen konnte!

Um Erfolge zu erreichen, sollte man immer ein

klein wenig über die Grenze gehen, die man bis jetzt eingehalten hatte. Wenn man ein Instrument lernt, wird das neue Stück immer ein wenig schwieriger sein als das alte. Der Unterschied sollte gerade so sein, dass man etwas Neues dazu lernt, aber trotzdem nicht völlig überfordert von dem neuen Anspruch ist. Das gilt auch für alle anderen Ziele im Leben.

Doch vielleicht möchte man noch unbedingt etwas Bestimmtes erreichen oder machen im Leben. Dann sollte man dieses grosse Ziel in kleine Etappenziele einteilen. Strebt man beispielsweise einen Master an, braucht man vielleicht zuerst noch das Abitur. Also schreibt man sich an einem Abendgymnasium ein. Dort lernt man von Prüfung zu Prüfung. Es macht keinen Sinn, sich permanent den weiten Weg bis zum Master vorzustellen, und sich zu überlegen, wie schwierig das werden wird. Zuerst sollte man sich das Ziel „Abitur" setzen. Dieses ist im Moment erreichbar.

Selbst wenn Menschen unter schweren Depressionen leiden, ist es üblich, dass sie sich jeden Tag eine Sache vornehmen, die sie erledigen wollen. Dies kann zu Beginn sein, dass sie sich einfach einmal duschen. Für schwer Depressive ist dies eine schwierige und anstrengende Aufgabe, denn viele kommen gar nicht mehr aus dem Bett. Haben sie dieses Ziel erreicht, können sie sich mit gutem Gewissen wieder ins Bett legen. Und sie wissen, dass sie auch am nächsten Tag wieder eine Aufgabe bewältigen können. Allmählich wird dieses gesteigert, und so wächst bei den Patienten auch wieder das Vertrauen, dass sie etwas schaffen können.

Vertrauen hat etwas damit zu tun, dass wir darauf hoffen, dass es der andere und das Leben gut mit uns meint. Viele Menschen glauben auch an einen Gott, der das Schicksal für uns in der Hand hat. Dies hilft ihnen, sich sicher zu fühlen, weil sie glauben, dass Gott immer bei ihnen ist und ihnen helfen wird.

Vertrauen hat auch etwas mit „Loslassen" zu tun. Wir sorgen uns nicht ständig darum, dass uns unser Lebenspartner betrügen oder verlassen wird, sondern wir vertrauen darauf, dass er uns immer lieben wird. Das ist heute zwar nicht mehr modern. Heute trennt man sich sobald man an dem anderen etwas feststellt, was einem nicht gefällt. Doch wenn man ältere Paare betrachtet, die schon viele Jahre verheiratet sind, kann man eine tiefe Liebe, Zugehörigkeit und eben dieses Vertrauen sehen, dass man den anderen auch nicht im Stich lässt, wenn dieser alt, dick, gebrechlich oder krank wird. Dieses Vertrauen lernen sogenannte „Lebensabschnittsgefährten" nie kennen... Dabei ist das ein sehr schönes Gefühl. Es gibt einem Sicherheit und Geborgenheit!

Auch als Eltern sollte man darauf vertrauen, dass die Kinder ihren Weg finden und gehen werden. Je älter die Kinder sind, desto mehr Vertrauen muss man ihnen entgegenbringen! Nur wenn Jugendliche spüren, dass ihnen die Eltern vertrauen und ihnen immer mehr Freiheiten geben, können sie ihre eigene Identität finden und ausprobieren und sich von den Eltern lösen. Meistens rebellieren Jugendliche auch weniger, wenn sie merken, dass die Eltern ihnen vertrauen, und selten nutzen sie dieses Vertrauen aus... Natürlich bedingt das, dass die Eltern interessiert bleiben und weiterhin ihre Kinder unterstützen, wenn sie Hilfe brauchen. Loslassen und Vertrauen hat nichts mit Vernachlässigung aus Bequemlichkeit zu tun!

Vertrauen schafft auch Mut! Wenn man glaubt, dass man alles im Leben, was einem passiert, auch irgendwie managen können wird, wirft einen auch so schnell nichts um. Wenn man weiss, dass der Partner und die Freunde zu einem halten, auch wenn es einem schlecht geht, heilt das zwar keine Krankheit, aber man ist damit nicht alleine und weiss, dass man Hilfe bekommen kann. Und wenn man als gläubiger Christ darauf vertraut, dass Gott als der himmlische Vater alles lenkt und nur das Beste für sein Kind will, kann man auch mutig neue Wege einschlagen, weil man weiss, dass man nicht alles alleine bewältigen muss.

Nähe

Dieses Wissen, dass man nicht alles alleine bewältigen muss, schafft Nähe zu anderen Menschen. Dazu gehört auch der Aspekt, dass man sich Hilfe sucht, wenn man ein Problem hat oder wenn es einem nicht gut geht.

Schwer depressive Menschen, welche mit Suizidgedanken spielen, tun gut daran, sich anderen Menschen mitzuteilen. Leider schämen sich die meisten dafür und schweigen. Dadurch kreisen die Gedanken jedoch viel stärker um diese

Sehnsucht nach dem Tod. Man denkt dabei gar nicht daran, was man damit den anderen Menschen antut, sondern ist davon überzeugt, dass es für alle eine Erlösung wäre, wenn man nicht mehr leben würde. Aber wenn man mit diesen Gedanken zu einem Freund oder einer Freundin geht und dies aussprechen kann, erlebt man, dass derjenige alles dafür tun wird, dass man am Leben bleibt! Man merkt, dass es den anderen nicht darum geht, ob man perfekt oder gesund oder immer glücklich ist- sondern dass sich die anderen nur wünschen, dass man bei ihnen ist. Dabei registriert man, dass die anderen unbedingt helfen wollen. Das kann bewirken, dass man sich vielleicht gar nicht mehr traut, über Selbstmord nachzudenken, und dass man sich stattdessen sich lieber professionelle Hilfe sucht, damit es einem wieder besser geht.

Doch auch bei weniger tragischen Problemen tut es gut zu merken, dass man nicht alleine ist. Wie oft erzählt man dem Partner abends, was tagsüber alles schlecht lief und worüber man sich Sorgen macht, und bemerkt, dass der Druck in einem schon während dem Erzählen weniger geworden ist. Vielleicht hat der Partner sogar noch hilfreiche Tipps, um das Problem zu beseitigen oder die

Sorgen zu verringern. Und schliesslich darf auch der Partner erzählen, und so registriert man, dass auch andere Menschen ähnliche Ängste und Ärgernisse haben wie man selbst.

Vielen Patienten hilft der Kontakt zu anderen, welche dieselbe Krankheit haben. Dabei kommt es zu einem Austausch über das, was einem hilft. So lernt man, was einem selbst auch helfen könnte und kann dies anschliessend testen. Doch das ist nicht er einzige Vorteil an einem Austausch. Viel wichtiger ist, dass man merkt, dass man nicht der einzige mit diesem Problem ist. Dies lenkt den Blick von seinem eigenen Leid hin zum Leid anderer. Man fühlt sich verstanden. Und man ist nicht mehr einsam, sondern kann sich austauschen. Und es macht Mut, zu sehen, dass andere mit dem gleichen Problem und der gleichen Krankheit etwas aus ihrem Leben machen. Man sieht, dass man trotz dieses Problems oder dieser Krankheit glückliche Momente haben und sich Ziele setzen kann.

Darum erfreuen sich auch Foren im Internet wachsender Beliebtheit. Dort findet man viele Menschen mit denselben Fragen, Ängsten und Interessen. Man kann voneinander lernen, miteinander diskutieren und gemeinsam nach Lösungen suchen.

Geduld

Last, but noch least, steht die Geduld.

Hat man sich erst einmal dazu durchgerungen, etwas in seinem Leben zu verändern und die Krise als Chance und nicht als Unglück zu nutzen, kann es einem nicht schnell genug gehen. Am liebsten möchte man heute damit beginnen, und am liebsten vorgestern schon alles zum Besseren gewendet haben. Häufig überfordert man sich jedoch mit dieser unrealistischen Vorstellung, und stellt irgendwann resigniert fest, dass es nicht geht.

Für alle Veränderungen braucht man Geduld!

Wenn man als Kind kein Vertrauen lernen konnte, wird man nicht von heute auf morgen plötzlich Vertrauen in sich, in das Leben und in andere Menschen haben! Dies ist ein Prozess, der mitunter lange dauert. Sollte man deswegen es gar nicht erst versuchen? Natürlich nicht! Wenn man sich entscheidet, dass man mit mehr

Vertrauen durch das Leben gehen möchte, ist diese Entscheidung der erste Schritt. Der zweite Schritt ist, herauszufinden, wie man Vertrauen erlernen kann. Dazu finden sich einige Tipps im Kapitel „Ur-Vertrauen". Weitere Informationen kann man sich in entsprechender Literatur aneignen. Der dritte Schritt ist, dies nach und nach immer mehr anwenden zu können. Manchmal kann dies Jahre dauern und viele Rückschläge beinhalten. Man wird immer wieder dazu neigen, doch zu verzagen und aufzugeben. Aber je öfter man sich dies bewusst macht, und je öfter man anschliessend wieder versucht, Vertrauen in sich und die anderen zu bekommen, desto mehr wird es einem gelingen. Und irgendwann kann man Dinge lockerer sehen, weil man gelernt hat, dass man alles managen kann und dass man nicht alleine alles auf einmal bewältigen muss.

Jemand, der sich gerne und oft über alles Negative beklagt, und der auch tendenziell eher alles schwarz sieht, wird sich schwer tun, plötzlich alles positiv zu sehen. Dies ist auch gar nicht möglich, weil negative Erlebnisse und Gefühle zum menschlichen Leben dazugehören. Es nützt auch nichts, wenn man alles negative einfach rosa übermalt. Negatives bleibt negativ und sollte auch nicht schön oder klein geredet werden! Aber es ist hilfreich, immer auch die schönen und positiven Dinge wahrzunehmen und dafür dankbar zu sein. Dies wird auch nicht von heute auf morgen gelingen, sondern bedarf einiger Übung- und Geduld! Genauso wenig kann jemand, der sich ständig über alles Sorgen macht und grosse Angst vor allem hat, etwas zu verändern oder etwas anzupacken, plötzlich alles relaxt und beschwingt angehen. Aber wenn man sich das Mantra „Do it! Denk nicht darüber nach, sondern tu es einfach!" immer wieder vorsagt, und ganz bewusst die Gedanken vom Grübeln und der Sorge wegnimmt und sich stattdessen auf die Aufgabe konzentriert, wird man merken, dass man sie eben doch bewältigt! Und dass es meistens gar nicht so schlimm wird, wie man vorher gefürchtet hat!

Hat jemand als Kind gelernt, dass man für jeden Fehler sofort bestraft und beschimpft wird, fällt es als Erwachsener schwer, sich nicht sofort für jeden Fehler zu verurteilen, sich abzuwerten, sich zu bestrafen und sich heftig dafür zu kritisieren. Jedes Mal wird man sich hinterher noch schlechter fühlen. Es ist nicht einfach, die

<u>Selbstkritik</u> durch Wertschätzung und Wohlwollen zu ersetzen. Dafür benötigt man viel Geduld, da dies meistens so unbewusst abläuft, dass wir manchmal nicht einmal bemerken, wie gemein und ungerecht wir dabei zu uns selbst sind. Zuerst müssen wir dies bemerken und ändern wollen. Dann können wir daran arbeiten, nach und nach die Selbstkritik zu stoppen. Jedes Mal, wenn wir bemerken, dass wir uns schon wieder beschimpfen, können wir das sofort beenden. Vielleicht können wir stattdessen tröstende und <u>wohlwollende</u> Worte finden: „Das ist jetzt wirklich blöd gelaufen. So ein Mist. Aber es ist kein Weltuntergang. Ich kann mich ja entschuldigen und den Fehler wiedergutmachen. Ich kann daraus lernen und schauen, dass es mir nicht nochmal passiert. Jeder Mensch macht Fehler!". So geht es uns gleich besser. Es gibt ein Kinderlied, in dem es heisst: „Das war nur ein kleiner Absturz, davon geht die Welt nicht unter." Manchmal sage ich mir das, wenn mir ein Missgeschick passiert, und muss dann lächeln. Vielleicht finden Sie für sich ein ähnliches Ritual, mit dem sie sich für einen Fehler trösten und so die innere Selbstkritik stoppen können?

Wenn man bereits als Kind eingeimpft und

vorgelebt bekam, dass vor allem wichtig ist, was die anderen über einen denken würden, fühlt es sich ungewohnt an, plötzlich zu überlegen, was man selbst eigentlich möchte. Schnell ist man versucht, wieder in alte Muster hinein zu rutschen und zu schauen, was die anderen wahrscheinlich von einem erwarten. Damit schiebt man jedoch die Verantwortung für sein Handeln anderen Menschen zu. Man lebt fremdbestimmt und nicht nach seinen eigenen Werten. Das macht auf Dauer depressiv. Es braucht Geduld, sich dieses Muster abzugewöhnen und so zu leben, wie man möchte. Vielleicht kostet es auch einige grössere Veränderungen? Vielleicht möchte man lieber aus der günstigen Wohnung im Haus der Schwiegereltern ausziehen, damit man nicht ständig kontrolliert und bevormundet wird? Das werden sie nicht verstehen. Es könnte Streit geben. Aber deswegen lieber dort wohnen bleiben? Oder man möchte gerne den Job wechseln, Sozialarbeiter für benachteiligte Strassenkinder werden, auch wenn man dabei viel weniger Geld verdient als bei der jetzigen Arbeit in der Bank? Es ist dabei sicherlich nicht ratsam, sein ganzes Leben auf einmal umzukrempeln. Stattdessen sollte man sich alle Punkte notieren, und diese dann priorisieren. Was davon ist einfach machbar, und was dauert länger? Welcher Punkt ist mir am wichtigsten? Diese Punkte sollte man langsam und einen nach dem anderen angehen. Das Wichtigste hierbei ist: Geduld! Lieber mit kleinen Schritten an die Ziele gehen und diese so irgendwann sicher erreichen als mit grossen Sprüngen sofort alles zu verändern und plötzlich keinen Boden mehr unter den Füssen zu spüren.

Geduld benötigt man auch, wenn man sich bisher lieber zurückzog und alleine in seiner Kummerhöhle seinem Leid frönte. Vielleicht hat man mit der Zeit eine richtige Aversion anderen Menschen gegenüber entwickelt oder sogar eine Sozialphobie. Damit fällt es schwer, das Haus zu verlassen und etwas mit anderen Menschen gemeinsam zu unternehmen. Hierbei sollte man sich auch nicht überfordern, sonst besteht die Gefahr, dass man sich übernimmt und schliesslich aufgibt und sich nie mehr unter die Menschen traut. Es ist besser, klein anzufangen. Wenn Menschen alleine zuhause sind, haben sie oft keinen Kontakt zu anderen. Diesen kann man über ein Hobby am einfachsten finden. Man kann sich zu einem Chorprojekt, an einer Tanzschule, einem Kunst- oder Sprachkurs anmelden. Dort geht es meistens nicht darum, lange Small Talks mit fremden Menschen zu führen, sondern gemeinsam an einer Sache zu arbeiten. Man kann dabei einfach anwesend sein, leise mitsingen oder sich mit den anderen bewegen, und sonst schweigen. Es ist auch möglich, die Sozialphobie mit einem Therapeuten anzugehen oder eine dafür geeignete Gruppentherapie zu suchen. Dort haben alle Teilnehmenden dasselbe Problem und Verständnis dafür, wenn man es plötzlich nicht mehr aushält und schnell nach Hause verschwindet. Dafür braucht man viel Geduld, aber wenn man es nicht versucht, wird es einem auch nie gelingen.

Bei allem, was wir an uns oder in unserem Leben verändern wollen, steht zu Beginn der Entschluss. Danach suchen wir Möglichkeiten, wie wir dies erreichen können, was wir wollen. Wenn wir dann mit der Veränderung beginnen, sollten wir mit aller Kraft und selbstsicher darangehen. Aber nie die Geduld dabei vergessen, damit wir uns nicht verausgaben oder überfordern, und so trotz allem Wollen und allem Wissen, daran scheitern.

Schlussworte

Sie haben nun viel über Krisen und wie man diese für sich nutzen kann, erfahren. Vielleicht sind Sie jetzt voller Tatendrang und möchten sofort mit ein paar Veränderungen loslegen. Das ist super! Vergessen Sie einfach dabei nie die Geduld und das Wohlwollen sich selbst gegenüber! Auch wenn vielleicht nicht alles so läuft, wie Sie sich das jetzt gerade vorstellen, oder wenn Sie merken, dass Sie eine falsche Entscheidung getroffen haben: Machen Sie nicht den Fehler, sich dafür abzuwerten und zu kritisieren! Damit wird es ihnen auf keinen Fall besser, sondern schlechter gehen. Sehen Sie es stattdessen als Ergebnis eines Tests: Für diesmal haben Sie kein so gutes Ergebnis, wie erhofft. Aber das nächste Mal können Sie es besser machen.

Das Leben lebt sich leichter, wenn man negative Dinge und Ereignisse als Chance zum Lernen begreift.

Ich würde mir wünschen, wenn Sie mithilfe dieses Buches eine Krise meistern und das Beste aus der Situation machen können. Doch wie das Leben so ist: Es wird immer wieder Situationen geben, welche sich wie eine Krise anfühlen. Dann können Sie jederzeit dieses Büchlein wieder zur Hand nehmen und nachlesen, wie Sie konstruktiv mit dieser neuen Krise umgehen können, damit daraus kein Unglück, sondern eine Wendung zum Besseren werden kann!

Viel Glück!